Claus J. Tully (Hrsg.)

Verändertes Lernen in modernen technisierten Welten

Schriften des Deutschen Jugendinstituts: Jugend

Das Deutsche Jugendinstitut e. V. (DJI) ist ein zentrales sozialwissenschaftliches Forschungsinstitut auf Bundesebene mit den Abteilungen „Kinder und Kinderbetreuung", „Jugend und Jugendhilfe", „Familie und Familienpolitik", „Geschlechterforschung und Frauenpolitik" und „Social Monitoring" sowie dem Forschungsschwerpunkt „Übergänge in Arbeit". Es führt sowohl eigene Forschungsvorhaben als auch Auftragsforschungsprojekte durch. Die Finanzierung erfolgt überwiegend aus Mitteln des Bundesministeriums für Familie, Senioren, Frauen und Jugend und im Rahmen von Projektförderung aus Mitteln des Bundesministeriums für Bildung und Forschung. Weitere Zuwendungen erhält das DJI von den Bundesländern und Institutionen der Wissenschaftsförderung.

Claus J. Tully (Hrsg.)

Verändertes Lernen in modernen technisierten Welten

Organisierter und
informeller Kompetenz-
erwerb Jugendlicher

VS VERLAG FÜR SOZIALWISSENSCHAFTEN

VS VERLAG FÜR SOZIALWISSENSCHAFTEN

VS Verlag für Sozialwissenschaften
Entstanden mit Beginn des Jahres 2004 aus den beiden Häusern
Leske+Budrich und Westdeutscher Verlag.
Die breite Basis für sozialwissenschaftliches Publizieren

Bibliografische Information Der Deutschen Bibliothek
Die Deutsche Bibliothek verzeichnet diese Publikation in der Deutschen Nationalbibliografie;
detaillierte bibliografische Daten sind im Internet über <http://dnb.ddb.de> abrufbar.

1. Auflage Oktober 2004

Alle Rechte vorbehalten
© VS Verlag für Sozialwissenschaften/GWV Fachverlage GmbH, Wiesbaden 2004

Der VS Verlag für Sozialwissenschaften ist ein Unternehmen von Springer Science+Business Media.
www.vs-verlag.de

Umschlaggestaltung: KünkelLopka Medienentwicklung, Heidelberg
Satz: Beate Glaubitz, Satz und Redaktion, Leverkusen
Gedruckt auf säurefreiem und chlorfrei gebleichtem Papier

ISBN-13:978-3-531-14448-1   e-ISBN-13:978-3-322-80656-7
DOI: 10.1007/978-3-322-80656-7

Inhalt

Waldemar Vogelgesang
LAN-Partys: Zwischen jugendkultureller Selbstbestimmung
und informellem Lernen 57

Bernhard Schmidt, Rudolf Tippelt
Multimediale Lernangebote und ihre Eignung
für Jugendliche 87

Heike Schaumburg, Ludwig J. Issing
Entwicklung einer neuen Lernkultur durch den Einsatz
von Laptops 107

Manuela du Bois-Reymond
Neues Lernen – alte Schule: eine europäische Perspektive 135

Vorwort

Zunehmende Individualisierung in der modernen Gesellschaft bedeutet sich in einer Welt mit vielen Bezügen zu bewegen und zu orientieren. Je vielfältiger die Bezüge, desto schwieriger wird es, sich systematisch auf diese Welt vorzubereiten. Lernen im staatlich geordneten und institutionell verfassten Bildungswesen hat hier seine Grenzen. An die Stelle systematischer Unterweisung treten möglicherweise viele Lernofferten. Es ist also nicht nur so dass der Orientierungsbedarf wächst. An die Stelle systematischer Unterweisung treten neue Formen der Aneignung. Dieser Sachverhalt ist in der Jugendforschung bislang wenig bearbeitet.

In modernen Gesellschaften verändern sich die Anforderungen an das Aufwachsen von Kindern und Jugendlichen. Aktuell zeichnet sich ab: formale, d.h. organisierte und didaktisierte Bildung büßt gegenüber der non-formalen, d.h. der außerschulischen, an Stellenwert ein. Veränderung der politische Landschaft, Europäisierung und Angleichung von Rechtssystemen bedeutet auch Verflüssigung bestehender Normensysteme. Technische Neuerungen verändern und gestalten gegebene Verhältnisse. Die Vielfalt an Nutzungsmöglichkeiten wie auch die Dynamik der Entwicklung im Felde der digitalen Technik spricht für eine Auflösung geordneter Verhältnisse.

Wir können diese Trends mit Informalisierung übersetzen. Im Unterschied zum Lernen in Institutionen verdankt sich die Motivation konkreten Problemsituationen. Darum geht es in diesem Band, der ausmachbaren Tendenzen zugunsten einer Informalisierung von Lernen nachgeht.

Ich bedanke mich bei meiner Kollegin Christine Feil für ihre Diskussion und inhaltliche Anregung, ohne die die Vorbereitung des hier organisierten Ideenaustausches nicht möglich gewesen wäre. Meinem Kollegen Andreas Lange verdanke ich genauso wie auch Herrn Hermann Schwarzer wichtige Anregungen zum Manuskript. Bei Herrn

Robert Seifert bedanke ich mich für die Unterstützung beim Zusammenspiel der Textfragmente und die Unterstützung bei diversen Korrekturgängen.

Toluca (Mexiko), im März 2004

Claus J. Tully

Neue Lernkonzepte in der Informationsgesellschaft? – Eine Einführung

In modernen Gesellschaften verändern sich die Anforderungen an das Aufwachsen von Kindern und Jugendlichen. Aktuell zeichnet sich Folgendes ab: Formale, d.h. organisierte und didaktisierte Bildung büßt gegenüber der non-formalen, außerschulischen an Stellenwert ein.

1. Flexibilisierung der gesellschaftlichen Rahmung

Was das Verhältnis der informellen zu formellen Bildungsprozessen betrifft, so sind hier zunächst bildungspolitische Bezüge ausschlaggebend. Die bildungspolitische Diskussion der letzten Jahre ist von der Suche nach angemessenen Formen der Bildungsorganisationen gekennzeichnet. Bekanntlich hat das deutsche Bildungswesen bei den vergleichenden Messungen schulischer Leistungen international einen relativ schlechten Rangplatz eingenommen (TIMSS 1996; OECD 2001). Das heißt, trotz des massiven Ausbaus des Bildungssystems im Zuge der vorangegangenen Bildungsreform sind die Produkte des schulischen Bildungssystems heute keineswegs befriedigend. Die Qualität des Bildungssystems wird jedoch nicht nur in international vergleichenden Erhebungen bemessen, sondern vor allem daran, inwieweit die Schule brauchbares Wissen vermittelt. Zu den Kernfragen gehört deshalb, ob denn die Schule hinreichend auf berufliche Qualifizierung und auf künftige Berufsarbeit vorbereitet. Insofern ist der Diskussionszusammenhang der bildungspolitischen Bemühungen breit angelegt. Während bis in die 80er Jahre unterstellt wurde, dass der Übergang in das Beschäftigungssystem einigermaßen planbar sei, wird inzwischen unübersehbar: Bildungs- und Beschäftigungssystem funktionieren nach gänzlich verschiedenen Prinzipien. Die Schule soll Wissen vermitteln und der Persönlichkeitsbildung dienen, das Beschäftigungssystem hingegen folgt den Grundsätzen ökonomischer Rationalität, also den Gesetzen der konkurrierenden Erfolgswirksamkeit. Wir haben es mit einer nachhaltigen Entkopplung von Bildung und Beschäftigungssystem zu tun. Die anhaltende Krise im Beschäftigungssystem macht insofern deutlich, dass es nicht mehr wie in den 50er bis 70er Jahren an einer basalen Qualifizierung mangelt, sondern sehr viel häufiger umfassende Flexibilitäten gefordert sind. Diese vom Beschäftigungssystem geforderten Flexibilitäten beziehen sich auf Qualifikationen wie auch auf die Organisation von Arbeit. Schließlich haben wir es mit einem Zuwachs an Arbeitslosigkeit und gleichermaßen mit einer radikalen Abkehr vom „normalen Ganztags-Beschäftigungsverhältnis" zu tun.[1]

Bildung und Beschäftigung scheinen mithin immer weniger planbar zu sein. Die Schwierigkeiten beim Übergang von der Schule in den Beruf und beim Übergang vom beruflichen Qualifikationssystem in eine regelmäßige Beschäftigung zeigen dies an.[2] Die Ausbildungsabgabe für Betriebe, die nicht ausbilden, steht für den Versuch, Ordnung in ein ungeordnetes System bringen zu wollen.[3] All dies sind Hinweise dafür, dass eine systematische Qualifizierung für künftige Berufsarbeit immer komplexere Bedingungen berücksichtigen müsste. Die Verunsicherung im allgemein bildenden Schulsystem hat hierin ihre wesentliche Grundlage und es zeigt sich, dass die vormals geordneten Bezüge in Auflösung und im Umbau begriffen sind.

---

1   Statt Vollzeitarbeit mit regelmäßiger Beschäftigung nimmt der Anteil von Teilzeitarbeitsverhältnissen und von Minijobs sehr nachdrücklich zu (im September 2003 werden 6,7 Mio. Mini-Jobs gezählt).

2   Nicht von ungefähr spricht die Arbeitsmarktforschung von einer „ersten Schwelle", die von Schülerinnen und Schülern, die in das berufliche Bildungssystem überwechseln wollen, zu nehmen ist, und von einer „zweiten Schwelle" beim Übergang von der Berufsausbildung in den Beruf.

3   Das Gesetz wurde im Frühjahr 2004 als Kabinettsvorlage eingebracht, öffentlich diskutiert und vom Bundestag im Mai 2004 verabschiedet. Es wurde jedoch nicht angewandt, da auf Selbstverpflichtung der Arbeitgeber vertraut wird.

2. Formalisierung – Entformalisierung von Sozialisation

Die Sozialisation Heranwachsender ist traditionell rechtlich geregelt. Dafür stehen die etablierten Bildungsstrukturen und Institutionen. Zum institutionellen Rahmen gehören öffentlich-rechtlich geordnete Schulpflicht, die Bestimmungen für eine schulische Mindestbildung, die Vorgaben durch das organisierte dreigliedrige Schulsystem und die duale Berufsbildung. Zertifikate sortieren nicht nur auf Basis der erzielten Abschlüsse, sondern sie verteilen auch Chancen bei der Konkurrenz um Weiterbildungsförderung, wie auch bei der Ausschreibung von Erwerbsarbeit. Unschwer lässt sich zeigen, dass der Blick auf Jugend in der Regel diese geordneten Verhältnisse unterstellt. Nicht von ungefähr werden Jugendliche vorrangig als Schüler gesehen. Die Autoren der jüngsten Shell-Jugendstudien formulieren explizit, dass „jung sein" heute „Schüler sein" bedeutet (vgl. Hurrelmann 1999; Münchmeier 1998). Zugleich sind aus ganz unterschiedlichen Gründen heraus die für die Beschreibung sozialer Bezüge unterstellten geordneten Verhältnisse im Umbruch begriffen. Soziale und politische Entwicklungen, aber auch technologische Neuerungen sind da als auslösende Faktoren in Erinnerung zu bringen.

Was die sozialen Entwicklungen betrifft, so ist hier an die Ausdifferenzierung einer „Civic culture" der Bundesrepublik zu erinnern. Die politische Nachkriegsordnung war eine der geordneten Verhältnisse, und es war ein langer Weg hin zu einer wachsenden Entformalisierung und Differenzierung. Zu den wenigen Interessenverbänden haben sich, beginnend mit den „außerparlamentarischen Protesten" der 68er Jahre, neue Formen der Teilhabe ausgebildet. Bürgerinitiativen und Ökologie- – und Friedensbewegung – sind Ausdruck für ein breites Spektrum von „neuen sozialen Bewegungen". Die neu entstehenden Bewegungen haben vielfältigen Einfluss auf die traditionellen Interessenverbände – Gewerkschaften, Kirchen, Parteien und Vereine – genommen. In der Auseinandersetzung mit den traditionellen Verbänden ist es zu Revisionen traditioneller politischer Strukturen und deren Vermittlung hin in die Öffentlichkeit gekommen. Es sind aber nicht nur die politischen Rahmungen verändert worden, sondern die 68er standen letztlich auch dafür, dass neue politische *und* kulturelle Standards einzogen. Formale Regelungen für Kleidung, Umgangsformen usw. wichen eher ästhetischen Mustern, die vorrangig individuelle Präferenzen und eben nicht mehr kulturelle Standards spiegelten.[4]

Wie angedeutet, geht mit der Veränderung der politischen Landschaft, zu nennen sind hier zusätzlich die Europäisierung und Angleichung von Rechtssystemen, eine Verflüssigung bestehender Normensysteme einher. Zudem verändern und gestalten technische Neuerungen unmittelbar die gegebenen Verhältnisse. Da neue Technologien bei der Kommunikation, beim Medienkonsum, beim Übergang von der Dienstleistungs- zur Selfservicegesellschaft usw. in die Gestaltung des Alltags hineinwirken, macht es Sinn, diesen Argumentationsstrang der Technisierung vs. Informalisierung etwas genauer zu beleuchten.

3.   Technik vermittelt Multioptionalität

Jugendliche wachsen heute in einer technisierten und von Technik geformten Umwelt auf. Das Vertrauen in technische Machbarkeit ist vielfach präsent; gelegentlich scheint es, dass gesellschaftspolitische Visionen mit dem Verweis auf anstehende Entwicklungen gar nicht erst formuliert werden. Die „Multioptionsgesellschaft", wie sie Peter Gross beschreibt, hält angeblich viele Möglichkeiten bereit, so dass es der Verfolgung tradierter Leitprinzipien, wie Chancengleichheit, in geringerem Maße zu bedürfen scheint (Gross 1994). Die Dynamik der Entwicklung und die verästelten Anwendungsbezüge von Technik machen die gesellschaftspolitische Relevanz des Themenfeldes aus. Die Entwicklung und Verbreitung der neuen Informations- und Kommunikationstechniken ist dabei abhängig von den soziokulturellen und sozioökonomischen Lebensbedingungen ihrer potentiellen Nutznießer.

Neue Technologien dynamisieren gesellschaftliche Verhältnisse in Produktion und Kommunikation und gestalten soziale Lebensverhältnisse in umfassender Weise mit.

Das ‚World Wide Web' ist ein Netz der kommunikativen und informationellen Verknüpfung. Medien und Technik greifen unmittelbar in den kulturellen Austausch ein (Hörning 1989; Zimmer 1990)

---

4   Dieser Aspekte habe ich gemeinsam mit meinen Kollegen W. Mack, E. Sander und P. Wahler im Rahmen der Konzeptgruppe Jugendforschung am DJI (2002) intensiv diskutiert. Inzwischen gibt es dazu eine umfassendere Dokumentation (vgl. Rauschenbach u.a. 2004).

und haben nicht nur eine Extensivierung des kulturellen Austauschs zur Folge. Es kommt zu neuen Qualitäten sozialer Konfigurationen. Es genügt nicht, Computer und Internet weiterhin allein aus medienpädagogischer Perspektive zu betrachten, wichtig wird es, die neuen Technologien modernisierungstheoretisch einzubinden. Bislang fehlen Arbeiten zum Gegenstand „Jugend und neue Technologien", eine techniksoziologisch argumentierende oder Sozialisationsforschung steht noch aus. Ein techniksozialisatorischer Zugang wäre jedoch insofern ein wichtiger und innovativer Zugang, als der Jugendalltag heute als technisierter, auf Grundlage der Verfügungen über technische Artefakte existiert (Tully 2003, S. 84).

3.1 Moderner Jugendalltag – vielfach technisch konstituiert

Der Jugendalltag (z.B. Verabredungen, Informationsbeschaffung, Mobilität u.a.) ist von technischen Bezügen mitkonstituiert.[5] Je moderner – und d.h. je differenzierter – die Gesellschaft, desto umfassender der Aufwand für kommunikative Verknüpfungen. Dies macht sich gesellschaftlich bemerkbar, z.B. entlang der ausgebauten Netze, über die interagiert und kommuniziert wird. Interaktion, Informationsbeschaffung, kommunikative Reichweiten sind technisch begründet. Jugendlichen, die in einer modernen Industriegesellschaft aufwachsen, sind diese Verhältnisse vorgegeben, sie bauen sie in ihre alltäglichen Bezüge ein bzw. unterstellen die gegebenen Verhältnisse wie auch technischen Hilfen als selbstverständlich. Jugendliche verfügen – gerade unter Einschluss technischer Hilfen – heute früher über Möglichkeiten, ein „eigenes Leben" zu führen. Der Zugewinn an Selbständigkeit sowie an Wissen schafft Gestaltungsspielräume und Wahlmöglichkeiten. Technik und Medien stützen Prozesse der „Selbstsozialisation", der „Selbstbildung" und somit den Autonomie- und Kompetenzerwerb der Heranwachsenden.

Informelle Bildung bedeutet heute fortschreitend *Selbstbildung über Netz, Computer und Medien.*[6] Jugendliche sind sich dessen bewusst. Selbstbildung ist jedoch kein abgehobener Vorgang; vielmehr ist sie ein Prozess, der mit der modernisierten und technisierten Lebensführung korrespondiert. Die Nutzung von Sites, Downloads etc. ist be-

---

5 Vgl. dazu auch den Beitrag von W. Vogelgesang in diesem Band.
6 Vgl. dazu die Beiträge von H. Schaumburg/L. Issing und von B. Schmidt/R. Tippelt in diesem Band.

stimmt von den Präferenzen der Jugendlichen sowie von ihrer Arbeit am Selbstbild. Im Austausch über das, was im Netz, am Computer mit den Medien erfahren wird, teilen Jugendliche etwas von sich selbst mit. Der Chat ist mithin nicht nur ein neues technisches Angebot, sondern eine höchst zeitgemäße Form, über sich selbst ggf. in verschlüsselter Form (Turkle 1995 spricht von „geliehenen Identitäten") Geschichten zu erzählen und über sich selbst Auskünfte zu geben.

Andererseits müssen die Jugendlichen in der Adoleszenz Kompetenzen der Auswahl wie der Koordination entwickeln. Der Umgang mit Technik spielt hier eine herausgehobene Rolle.

3.2 Selbstbildung über Technik und Medien

Selbstbildung über neue und moderne Kommunikationstechnik ist jedoch kein abgehobener Vorgang. Dieser Lernprozess findet – genauso wie die Bildung der Lebensführungskonzepte – lebensalltäglich statt. „Selbstbildung" über Computer und Medien steigert das kulturelle Kapital (Beisenherz 1988). Jugendliche entwickeln Konzepte einer subjektiven Lebensführung, die sich auf die eigene Identität sowie die damit verbundenen Lebensentwürfe richten. Dabei geht es nicht nur um reale Strukturen und Voraussetzungen, sondern auch um das Imaginative. Die Nutzung von Computer, Internet und Handy/SMS dient der eigenen Einbettung wie auch der Abgrenzung in der Gruppe der Gleichaltrigen. Häufiger berichtet wurde (z.B. im Rahmen der Forschungen zu Computerfreaks) von der Sonderstellung in der Gruppe aufgrund des spezifischen Expertentums; Technikwissen und der geschickte Umgang mit technischen Gadgets sind Bausteine bei der Gestaltung von Freundschaftsbeziehungen. Kommunikationstechnische Einbindung ersetzt aber keinesfalls die Anstrengungen, soziale Bezüge auch unter der Bedingung von Dynamik und Differenz zu etablieren und zu pflegen. Jugend impliziert heute eine Vielzahl von unterschiedlichen Lebenslagen und Lebensbedingungen. Dieser Gleichzeitigkeit des „Ungleichen" korrespondiert das Nebeneinander der Vielzahl von Medienangeboten. Weniger Konformität und Formierung ist das Problem, sondern eher die Notwendigkeit (vielleicht sogar der Zwang) der Auswahl und die Entwicklung der dazu notwendigen Kompetenzen (z.B. Konzeptualisierung).

4. Mobilisierung – Weiträumigkeit der Lebensverhältnisse

Unter dem Eindruck der entwickelten Mobilitäts- und Kommunikationstechniken kommt es zu einer Veränderung der Erfahrungs- und Lebensräume. Giddens spricht von einer „Entbettung", die immer auch eine neue, qualitativ andersartige Einbettung nach sich zieht. Urry spricht von der Metapher der Mobilität und will damit sagen, dass soziale Prozesse, soziale Bezüge ganz andere Qualitäten unter den Bedingungen einer dynamischen und hoch mobilen Gesellschaft bekommen (Urry 2000). Wie verändert sich Aufwachsen, wenn eben nicht nur die lokalen Bezüge als Rahmung fungieren, wenn bereits die Schule und damit die Einzugsräume, in denen Peerbeziehungen etabliert werden, großräumig sind? Vielleicht sollte einmal, analog zu Urry's These, untersucht werden, wie die sozialen Bezüge, mit denen wir üblicherweise den Jugendalltag (Bildung, Beschäftigung, Peerbeziehungen, Freizeit, politische Partizipation, Ablösung und Partnerschaft etc.) beschreiben, reformuliert werden können. Weiter kann erörtert werden, in welcher Weise lokale Kontextualisierungen mit den wachsenden Angeboten, in großen Reichweiten zu agieren, an Bedeutung gewinnen. Virtualität oder geliehene Identitäten sind nur dann symbolisch bedeutsam, wenn es auch konkrete, d.h. lokale Beziehungen gibt. Kommt es zu einer Renaissance, zur „Wiedergeburt des Nahraumes" bei gleichzeitiger Extensivierung der Pendelbewegungen und der Teilhabe an medial vermittelten fernen Welten?

Die Vielfalt an Nutzungsmöglichkeiten wie auch die Dynamik der Entwicklung im Felde der digitalen Technik spricht für eine Auflösung geordneter Verhältnisse. Diese Entwicklung lässt sich als Trend zur Informalisierung lesen. Informelles Lernen kann wie gezeigt als Selbstlernen begriffen werden, soweit es sich auf unmittelbare Lebens- und Erfahrungszusammenhänge bezieht und sich außerhalb des formalen Bildungswesens entwickelt. Im Unterschied zum Lernen in Institutionen entsteht die Lernmotivation aus konkreten Problemsituationen heraus und zielt „so direkt wie möglich auf unmittelbar verwendbare Informationen, Antworten, Problemlösungen – ohne lange Lehrgangsumwege" (Dohmen 2001, S. 26). Der Unterschied zwischen formalen und informellen Lernformen wird offenkundig, wenn wir uns vergegenwärtigen, dass letztlich die Entwicklung seit Aufkommen der Industriegesellschaft eine der „Formalisierung", eine der Setzung von Regeln war. Dies erinnert an Max Webers Bürokratiekonzept, das er der funktionierenden Maschine abgeschaut hat. Ihre Leistung bestand darin, ohne Ansehen der Person immer in gleicher Weise zuverlässig vorhersehbare Ergebnisse zu erbringen. F. W. Taylor und Henry Ford wollten mithin etwas Ähnliches wie Max Weber, allerdings bevorzugt auf technischer Grundlage zur Gestaltung von Produktionsprozessen. Massenproduktion war die Produktion normierter und standardisierter Produkte; Bildung und Lernen schienen für einige Zeit in analoger Weise planbar. *Digitale Technik hebt Grenzen* auf, private wie berufsbezogene Nutzung ist da anzuführen. Digitale Technik ist nicht mehr an den Funktionen beschrieben, die mit ihr einlösbar sind, sondern über die Effekte, die mit ihr bewirkt werden können (Tully 2003, S. 51f.). Lernen und spielerischer Umgang mit Computer und Internet passen deshalb zusammen.

Richtet sich der Blick auf die digitalen Helfer, also auf Handy, Computer, Internet so besteht ihre besondere Qualität darin, situationsorientierte und informelle Lernprozesse anzuregen und zu ermöglichen. In der Jugendforschung interessiert nun, wie Jugendliche diese quasi „geteilten" Lernwelten verknüpfen? Welche Rolle spielen technische Objekte in ihrem eigenen Lebensalltag? Und nicht zuletzt: Ist die Schule in der Lage, sich auf moderne Lernumgebungen einzulassen und diese pädagogisch angemessen in ein Konzept des lebenslangen Lernens zu integrieren? Im Rahmen dieser Publikation werden:

1. zum einen theoretische Grundannahmen des „neuen Lernens" vorgestellt; insbesondere geht es darum, die Potenzen des globalen Netzes für Bildungsprozesse vor dem Hintergrund der materiellen Voraussetzungen und kulturellen Schranken der Nutzung durch Jugendliche zu beleuchten;
2. zum anderen werden Fragen nach den gesellschaftlichen Folgen, der Entstehung neuer Eliten („knowledge gap") oder Klassen („digital divide") diskutiert; Jugendliche beleben die von ihnen vorgefundene Infrastruktur digitaler Technik, sie wagen eigenwillige Nutzungsformen und bauen so neue Informations- und Kommunikationsformen selbstverständlich in ihren Alltag ein; dazu werden abschließend an zwei Beispielen – E-Learning und LAN-Partys – die Besonderheit und die Tragfähigkeit individualisierter Lernprozesse skizziert.

Mit der Wahl des Titels „Verändertes Lernen in modernen technisierten Welten" soll sowohl die technische Akzentuierung wie auch der Wandel des Lernens thematisiert werden.

Behandelt wird im ersten Kapitel Lernen in *jugendkulturellen Settings*. Dabei geht es darum, wie durch dynamische technische Entwicklungen Lernen aus der informalen Strukturen heraus gelöst und informalisiert wird und wie in einem zweiten Schritt aus der Vielfalt der Möglichkeiten spezifische herausgegriffen und kontextualisiert werden. In einem weiteren Beitrag, dem von Waldemar Vogelsang, geht es um die Praxis jugendkultureller Selbstbestimmung, die am Beispiel von LAN-Partys diskutiert wird. Die Nutzung dieser technischen Artefakte ist ohne informelles Lernen nicht zu realisieren.

In einem zweiten Hauptabschnitt geht es darum, wie neue Technologien Lernen beeinflussen. Die Rede ist hier nicht davon, wie Lernen gestaltet sein muss, um mit neuen Technologien umzugehen. Thema ist vielmehr, wie Lernen auf Grundlage der Nutzung neuer Technologien unterstützt und effektiver gestaltet werden kann.

Beide Beiträge – der eine von Bernd Schmidt und Rudolf Tippelt mit dem Titel „Multimediale Lernangebote und ihre Eignung für Jugendliche", der andere von Ludwig Issing und Heike Schaumburg mit dem Titel „Entwicklung einer neuen Lernkultur durch den Einsatz von Laptops" – konzentrieren sich auf Formen konstruktivistischen Lernens. Was heißt das? Konstruktivistisches Lernen bedeutet, dass die Wissensübertragung aktiv geschieht, dass neues Wissen aufgenommen wird, dass diese Aufnahme aber eigensinnig geschieht. Insofern zeigen beide Beiträge beispielhaft, wie angebotenes Wissen individuell aufgegriffen und zu eigenem Wissen verwandelt wird.

Der dritte Teil – er wurde mit „Angleichung durch Auflösung von Regelungssystemen" überschrieben – beleuchtet, wie unter dem Eindruck von Dynamisierung politischer und gesellschaftlicher Verhältnisse bestehende Strukturen aufgelöst und durch informelle Lernprozesse bewältigt werden sollen.

Wie die vorliegenden Beiträge zeigen, haben wir es mit einer Wende zu tun. Vorbei ist es mit den geordneten Verhältnissen des Lernens. Die Vielfalt der Lernoptionen ist Gegenstand dieses Buches.

Für eilige Leser hier noch ein etwas differenzierender Überblick im Dienste einer ersten und groben Einordnung.

5. Überblick zu den einzelnen Beiträgen

Neue Lernkonzepte in der Informationsgesellschaft *Claus J. Tully*

Für Jugendliche von heute ist der Umgang mit Netztechnik selbstver-ständlich. Die Aneignung erfolgt individuell, denn die eigene kom-munikative Einbettung ist Jugendlichen sehr wichtig. Somit ist die Verfügbarkeit von (Kommunikations-)Techniken neben Geld aus-schlaggebend.

Die Aneignung von neuen Techniken ist aufgrund der Multioptio-nalität und der Multifunktionalität eine besondere. Sie erfolgt nicht systematisch, sondern spielerisch bzw. bricolagehaft. Rationalität und eindeutige Zwecke verschwinden zugunsten des experimentellen, spontanen Umgangs mit den Geräten. Es geht häufig um Wirkungen, um das Erzielen von Effekten.

Die Aneignung neuer Techniken spiegelt eine Differenz der Gene-rationen. Heranwachsenden fehlen Routinen, die ihnen den Alltag erleichtern. Deshalb greifen sie technische Neuerungen zügiger auf als Ältere.

Die Eigenart neuer Techniken (Vielfalt der Möglichkeiten, spieleri-sche Aneignung) unterstützt den Trend zugunsten Jugendlicher zu-sätzlich.

Die Durchsetzung der Industriegesellschaft beruhte auf Formalisie-rung und Standardisierung. Die Informationsgesellschaft hingegen entwickelt sich auf der Basis von Informalisierung und individuellen Aneignungsformen. Neue Technik verursacht entstrukturierende Ef-fekte in der Gesellschaft. Da allgemein gültige Sinnbezüge fehlen, kommt der Herstellung sinnhafter Kontexte besonderes Gewicht zu.

Informalisierung und Kontextualisierung sind zwei zentrale Eck-pfeiler in der Untersuchung. Schlussendlich fällt den Subjekten eine gewachsene Eigenverantwortlichkeit zu, auf die Jugendliche nicht vorbereitet sind.

Lan-Partys: Zwischen Jugendkultureller Selbstbestimmung und informellem Lernen *Waldemar Vogelgesang*

Jugendliche entwickeln in Medienszenen hochgradig spezialisierte Medienkompetenzen. Sie gehen spielerisch und kreativ mit Compu-tern, namentlich mit vernetzten Computerwelten um.

LAN-Partys (unterschieden wird dabei in Privat-LANs, LAN-Partys, LAN-Events) sind Ausdrucksformen des neuartigen Umgangs mit den Angeboten der modernen digitalen Welt.

Im Artikel werden die Ursprünge der LAN-Partys geklärt; v.a. werden Stimmungsberichte von Teilnehmern und Organisatoren anhand derer LANs als neuer jugendkultureller Sozialisationsraum vorgestellt. Nachvollziehbar erscheint, dass für LANs technisches Verständnis ebenso bedeutsam ist wie Spaß, Wettkampf und Geselligkeit.

Für die Existenz einer speziellen Szene spricht der etablierte eigene Szenejargon (Overclocking, Case-Modding...).

Jugendliche, die an LAN-Partys teilnehmen (oder diese organisieren), zeichnen sich durch spielerische technische und/oder organisatorische Kompetenzen aus. Mit der Größe der Veranstaltung nimmt der Professionalisierungsgrad zu. Inzwischen gibt es eindeutige Professionalisierungstendenzen in der LAN-Szene; das Spiel im Netz wird so zum (bezahlten) Hobby.

Zwei der Problemfelder der Computernetze werden von dem Autor in einem Exkurs behandelt. Themen sind gewalthaltige Computerspiele und die organisatorische Absprache realer Gewalt via Netz.

Die gesellschaftlich anerkannte Kompetenz, sich in der Netzwelt zu bewegen, ist überlagert von spezifischen Risiken.

Die LAN-Szene setzt nicht nur einschlägiges Wissen für den Umgang mit Technik, Computer, Netz voraus, sondern ebenso das Geschick organisatorischer Abstimmung. Solche Fähigkeiten werden unmittelbar und situativ und v.a. spielerisch erworben. Sie folgen dem Grundmuster informellen Lernens, das gleichzeitig in der Lage ist, herkunftsbedingte Milieu-Unterschiede verschwinden zu lassen.

Multimediale Lernangebote und ihre Eignung für Jugendliche
Bernhard Schmidt, Rudolf Tippelt

Jugendliche nutzen in immer stärkerem Maße neue Medien, so die Aussage der Autoren, die mit diesem Beitrag über das von ihnen begleitete Projekt „Online-Lehrbuch Jugendforschung" berichten.

Der Zugang zu neuen Medien allein reicht nicht, um Jugendliche an neue Lernangebote heranzuführen.

Im Zentrum steht die Frage, wie virtuelle Lernangebote gestaltet sein müssen, um Jugendliche zu erreichen. Worin liegt denn letztendlich die Attraktivität für Jugendliche überhaupt, Internet und Computer für den Wissenserwerb zu nutzen?

Der Beitrag folgert, dass nicht die Technik ausschlaggebend für Akzeptanz und Lernerfolg ist, sondern die zugrunde liegenden Vermittlungsstrategien.

Lernkompetenz, verstanden als Fähigkeit zu selbstregulativem Lernen, zum reflektierten Umgang mit neuen Medien, wird so immer bedeutsamer.

Die Autoren berufen sich auf ein konstruktivistisches Lernverständnis. Diesem folgend kann Wissen nicht einfach vermittelt werden. Vielmehr muss es von den Lernenden immer individuell und v.a. aktiv konstruiert werden.

Lernen ist als Wissensaneignung vom Vorwissen abhängig. Dem Vorwissen kommt besondere Relevanz zu, denn Neues kann nur dann dauerhaft gespeichert werden, wenn es in vorhandene kognitive Schemata sinnvoll eingebettet werden kann und an Vorwissen anknüpft.

Daraus wird gefolgert, dass Lernen an Situationen angepasst werden soll und Lernkontexte realen Bedingungen der möglichen Wissensanwendung entsprechen sollen.

Im Rahmen des Projekts wurde die Teilnehmer-Akzeptanz evaluiert. Die Autoren berichten, dass Jugendliche potentiell mit virtuellen Lernumgebungen erreichbar sind. Auch wenn sich die Erfahrungen bisher nur auf Studierende und den Einsatz in der Erwachsenenbildung beziehen, liefert das Projekt Voraussetzungen und Hilfestellungen für vergleichbare Vorhaben.

Entwicklung einer neuen Lernkultur durch den Einsatz von Laptops – Ergebnisse einer Langzeitstudie in den Laptop-Klassen am evangelisch stiftischen Gymnasium in Gütersloh
Heike Schaumburg, Ludwig J. Issing

Die Forderung nach „einem Laptop in jedem Schulranzen" (BMBF 2000) fällt zusammen mit einer internationalen Diskussion über die Innovation des schulischen Unterrichts. Im Zentrum steht dabei die Förderung von Medien- und Methodenkompetenzen, von Teamfähigkeit und von sinnhaftem Lernen in komplexen und authentischen Zusammenhängen. Mobilen Computern wird das Potential zugeschrieben, eine Innovation des schulischen Lehrens und Lernens anzustoßen. Aber können sie diese Hoffnung erfüllen?

Die Grundlage der vorliegenden Untersuchung bilden Daten, die über einen Zeitraum von drei Jahren im Rahmen eines Modellversuchs an einem nordrhein-westfälischen Gymnasium gesammelt wurden. Die Analyse der Lernkultur basiert auf einem multimethodischen Vorgehen, das qualitative und quantitative Vorgehensweisen in drei Teilstudien (Schüler- und Lehrerbefragung per Fragebogen, Interviewstudie mit Lehrern und Schülern, Unterrichtsbeobachtung) kombiniert. Es zeigt sich, dass Laptops unmittelbar zum Wandel der Lernkultur beitragen. Für eine konsequente Veränderung des Unterrichts müssen jedoch individuelle Hilfestellungen für Lehrer hinzukommen, um sie, abhängig von ihrem bisher praktizierten Unterrichtsstil, ihren didaktischen Kenntnissen und Erfahrungen und ihrer Innovationsbereitschaft darin zu unterstützen, sich einer neuen Lernkultur anzunähern.

Der Beitrag von Schaumburg und Issing fragt, ob es neue Anforderungen an Lernen gibt und welcher Stellenwert der Selbststeuerung, Kooperation und Authentizität als Elemente einer neuen Lernkultur zukommt.

Im Mittelpunkt steht der Pilotversuch eines Laptop-Projektes. Es wurde 1999 gestartet. Dabei wurden alle Schüler der betroffenen Klassen mit Laptops ausgestattet. So war eine Einbindung der Computertechnologie auch in traditionellen Unterrichtsfächern möglich.

Ziel des Pilotversuchs war die Vermittlung von Medienkompetenz. Kontrolliert wurde, wie unter den Bedingungen Selbständigkeit, Individualisierung und Differenzierung verbesserte Teamarbeit und Kommunikation sowie gesteigerte Verantwortungsübernahme erreicht werden. Computer und Internet werden, so scheint es, sinnvoll zur Erreichung und Vereinfachung der Lernaufgaben genutzt.

Im Ergebnis zeigen die Autoren, dass die Computernutzung erwartungsgemäß gestiegen ist und die Nutzung anderer Medien (Tafel, Arbeitsheft, Bücher) abnimmt. Bei vielen Lehrern veränderte sich die Unterrichtsmethodik. Vor allem Einzelarbeit als Unterrichtsform nahm in Folge der Laptopnutzung zu.

Laptops haben also durchaus das Potential, den Unterricht zu verändern, nicht zuletzt da Lehrer ihre bisherigen Vorgehensweisen überdenken und verändern.

Eine umfassende Veränderung der Lernkultur hingegen steht nicht an.

Neues Lernen – Alte Schule: Eine europäische Perspektive
Manuela du Bois-Reymond

Die national verfasste Bildung in Ausbildungsinstitutionen spiegelt je spezifische gesellschaftliche Bedingungen. Die Europäisierung spiegelt diese Diskrepanzen sowohl auf institutioneller wie subjektiver Ebene. Angesprochen werden die Chancen und Voraussetzungen nonformalen Lernens, um diese Diskrepanzen zu verringern. Partizipatorisches Lernen in Projekten soll den Übergang zum Arbeitsmarkt erleichtern.

Aus europäischer Perspektive werden Anforderungen an lebenslanges Lernen für flexible Übergänge von der Ausbildung in den Beruf und während der Berufsausübung erörtert. Jugendliche erleben mehr Ungewissheit, Entgrenzung von Privatleben und Arbeit, die Entkoppelung von Schulbildung und Arbeitsmarkt, und sehen sich mit veränderten (gestiegenen) Anforderungen konfrontiert.

Erläutert wird dies vor dem Hintergrund eines EU-Projektes zum partizipatorischen Lernen, das in verschiedenen Ländern (Dänemark, Spanien, Rumänien) durchgeführt wurde. Auf Basis dieser Projektarbeiten werden Gemeinsamkeiten und Unterschiede für Beziehungen zwischen Lernanforderungen an Jugendliche und gesellschaftlichem Alltag festgestellt.

Abschließend werden zwei miteinander verwandte Konzepte für eine Querschnittspolitik vorgestellt, die nach Auffassung der Verfasserin leitend für die weitere Entwicklung einer progressiven europäischen Bildungs- und Jugendpolitik sein sollten.

6. Literatur

Beisenherz, H. G. (1988). Die technischen Unterschiede – Computer „als Bildung kulturellen Kapitals". In: Mitteilungen 4, S. 162-194.

BMBF (2000): „Anschluss statt Ausschluss". IT in der Bildung. Papier zum Handlungskonzept „IT in der Ausbildung". Bundesministerium für Bildung und Forschung. Berlin. Online Dokument [URL]: http://www.bmbf.de/presse01/KONZE_IT(2).pdf (29.1.02).

Gross, P. (1994): Die Multioptionsgesellschaft. Suhrkamp. Frankfurt am Main.

Hurrelmann, K. (1999): Lebensphase Jugend. 6. Auflage. Juventa. Weinheim.

Münchmeier, R. (1998): Entstrukturierung der Jugendphase – Zum Strukturwandel des Aufwachsens und zu den Konsequenzen für Jugendforschung und Jugendtheorie. In: Aus Politik und Zeitgeschichte – Beilage zur Wochenzeitung Das Parlament. Bonn, 31, S. 3-13.

OECD (Organisation for Economic Co-operation and Development) (2001): Knowledge and sills for life: First results from PISA 2000. OECD. Paris.

Rauschenbach, T./Leu, H. R./Lingenauber, S./Mack, W./Schilling, M./Schneider, K./Züchner, I. (2004): Non-formale und informelle Bildung im Kindes- und Jugendalter. Konzeptionelle Grundlagen für einen Nationalen Bildungsbericht. BMBF. Berlin.

Sackmann, R./Weymann, A. (1994): Die Technisierung des Alltags. Generationen und technische Innovationen. Campus. Frankfurt am Main/New York.

Sennet, R. (1998): Der flexible Mensch. Die Kultur des neuen Kapitalismus. Berlin Verlag. Berlin.

TIMMS (Third International Mathematics and Science Study) (1996ff.): TIMSS Monograph. Pacific Educational Press. Vancouver.

Tully, C. J. (2003): Mensch-Maschine-Megabyte. Technik in der Alltagskultur. Leske + Budrich. Opladen.

Tully, C. J. (2004): Arbeitsweltenkontakte von Schülerinnen und Schülern in allgemeinbildenden Schulen. In: ZSE, Heft 4.

Turkle, S. (1995): Life on the screen. Verlag Simon & Schuster. New York.

Urry, J. (2000): Sociology Beyond Societies. Mobilities for the twenty-first century. Routledge. London.

Wahler, P./Tully, C. J./Preiß, Chr. (2004): Jugendliche in neuen Lernwelten – selbstgesteuerte Bildung jenseits von institutionalisierter Qualifizierung. VS Verlag. Wiesbaden.

Zimmer, D. E. (1990): Die Elektrifizierung der Sprache. Haffmans. Zürich.

Claus J. Tully

Nutzung jenseits systematischer Aneignung – Informalisierung und Kontextualisierung

In diesem Beitrag[1] geht es darum, wie neue Technik vor allem von Jugendlichen aufgegriffen und benutzt wird. Der Umgang mit dem Internet ist als habitualisiertes Tun zu betrachten, ein systematischer Kompetenzerwerb für das Surfen im Netz dürfte die Ausnahme sein. Ferner sollen die sozialen Folgen

aufgezeigt und Empfehlungen aus medienpädagogischer Sicht formuliert werden. Damit geht es darum, was es bedeutet, in einer mit moderner Kommunikationstechnik ausgestatteten Welt aufzuwachsen. Gezeigt wird:

1. Die *Netztechnik* verbreitet sich hoch dynamisch in der Gesellschaft und der Umgang mit ihr ist *für Jugendliche heute selbstverständlich.*
2. Netztechnik zeichnet sich durch große Gestaltbarkeit aus. Wichtig ist demnach, welchen *Umgang* Kinder und Jugendliche *inner- und außerhalb von Bildungsinstitutionen* pflegen und wie Erwachsene, Arbeitslose, Bildungsengagierte etc. die qua Netz gesellschaftlich verfügbaren technischen Optionen aufgreifen und in ihren Alltag einbauen.
3. Es kommt damit auf die *Kontextualisierung des „Webs"* und seiner Optionen an. Denn die Kontextualisierung bestimmt, was aus den Optionen der Software und Internetangebote wird; es geht um die „Einbettung" als eine spezifische, subjektive Leistung. In bisher nicht gekanntem Ausmaß wird die Benutzung virtueller Welten motivational gesteuert, denn es kommt in ganz besonderem Maße

---

1 Bei diesem Beitrag handelt es sich um eine neu bearbeitete und aktualisierte Fassung meines Artikels „Jugendliche Netzkompetenz" aus dem Jahre 2000.

auf das individuelle Interesse an, das der Nutzung der Multimedia-Welt vorausgeht. Jugendliche greifen die Offerte zum Surfen auf den Datenhighways in spielerischer Weise auf, Ältere versuchen die gleichen Angebote in ihre bereits erprobten Handlungssysteme einzubauen. Von daher sind *generationsspezifische Umgangsstile* zu erwarten. Die klassische, von der Sorge um die Technikakzeptanz getragene Frage, ob Jugendliche in der Lage und motiviert seien, die gesellschaftlich verfügbaren Neuerungen moderner Computer und das Internet aufzugreifen, erweist sich als überholt.

4. Abschließend werden Überlegungen angestellt, welche die soziale Formung, die mit der Techniknutzung einhergeht, betreffen. Vor allem sollen darauf aufbauend mögliche Effekte sozialer Ungleichheit (Überforderung, Ausgrenzung, etc.) angesprochen werden.

1. „Surfen im Netz" – tendenziell selbstverständlich

Was zeichnet die moderne, von virtuellen Welten und entfalteten Kommunikationstechnologien geprägte Welt aus? Zunächst ist es eine Moderne (vgl. Loo/van Reijen 1992), in der Differenzierung und Integration und damit Kommunikation und Mobilität außerordentlich bedeutsam sind (Bonß/Kesselring 1999; Rammler 2001). Vor allem jugendliche Lebensstile sind kommunikativ und hochmobil (vgl. Tully 1998, 2002, S. 86ff.; Tully/Schulz 1999). Jugendliche geben viel Geld für moderne Kommunikationshilfen, z.B. Handy[2] oder Internet, aus. Wie sieht diese Welt aus und wie das Aufwachsen unter diesen Bedingungen?

An Typisierungen der modernen Gesellschaft fehlt es nicht: Sie gilt als informationsgestützt und als globalisiert oder – wenn wachsende Informations- und Datenmengen zu Wissensangeboten umgedeutet werden – auch als Wissensgesellschaft (vgl. Steinmüller 1993; Stehr 1994).

---

2   Laut JIM-Studie besitzen 2002 82% der 12- bis 19-Jährigen ein eigenes Handy; 1998 waren es lediglich 8% dieser Altersgruppe; die Ausgaben betragen ca. 25€ monatlich (genau 24,80 €) (JIM 2002, S. 59-60). Das sind schätzungsweise 55% des Taschengeldes, zumindest für die Gruppe der 14- bis 17-Jährigen. Sie bekommen rd. 40€ Taschengeld und geben rd. 25€ fürs Handy aus (vgl. Tully 2003c; Tully 2004). Laut Angaben der Regulierungsbehörde für Telekommunikation gibt es 2003 64,8 Mio. Mobilfunkteilnehmer in Deutschland (Reg TP 2004, S. 32).

Die Kids und Jugendlichen von heute gehen, so lässt sich zusammenfassend feststellen, souverän mit den technischen Gadgets (wörtlich: Dingsda) um und bewegen sich fraglos in der modernen Welt. Wie aber sieht diese aus? Auffällig ist: Es wird beständig kommuniziert, selten allerdings mit den unmittelbar anwesenden Personen. Damit lässt sich eine beständige Bemühung um *kommunikative Einbettung* diagnostizieren, auch oder gerade weil Kommunikation immer seltener als konkrete Interaktion zwischen Personen stattfindet und die face-to-face-Kommunikation vielfach bereits eine Sonderform darstellt. Was Anthony Giddens mit dem von ihm benutzten Begriff der „Entbettung" meint, wird an modernenen Arbeitsplätzen deutlich. Arbeitszusammenhänge sind global (die Produktentwicklung erfolgt z.B. in Malaysia), Inter- und Intranet sind Standard und die PCs fungieren als zentrale Informations-, Arbeits- und Kommunikationsobjekte.

Zur Kommunikation gehörten – traditionellem Verständnis folgend – Sprechende und konkrete Räume. Mit den modernen Kommunkationsmedien wie Internet und Handy verschwindet jedoch die Bedeutung der Orte. Die telekommunikative Präsenz überholt den konkreten Ort (Mitchell 1996, 1997) mit der Folge, dass Anhaltspunkte für die Lokalität verschwinden. Kein Ortsname, keine Vorwahlziffer und keine Postleitzahl geben darüber Aufschluss, ob ein Gesprächs- bzw. Kommunikationspartner nebenan sitzt oder sich hunderte von Kilometern entfernt aufhält, ob aus dem Flugzeug, dem Auto oder von zu Hause angerufen wird. Soziologisch gesprochen wird über große Distanzen hinweg gehandelt und gelebt. Gemeinschaft stellt sich hier ohne konkreten Ort her (vgl. Albrow 1997). Die lokale und kommunikative *„Entbettung"* wird durch den Gebrauch des persönlichen Handys symbolisiert. Das Verschwinden konkreter Orte wird zum durchgängigen Phänomen der Moderne und die bewältigten tatsächlichen Ortswechsel werden unbemerkt zu Nischen verbaler Kommunikation. Kaum ist der PC aus und das Netz abgeschaltet, wird auf dem Weg per Handy kommuniziert, wird ‚gesprächsweise' eine Einbettung gesucht. Luhmanns und Habermas' Verständnis, demzufolge alles Handeln auf kommunikativen Akten basiert, wird real. Klar, all dies geschieht unter Einschluss modernster technischer Hilfen, die ein *allseitig präsentes kommunikatives Handeln* erleichtern. ‚So nah, als wärst du da' und ‚Kommunikation ist alles' sind Slogans der Mobilfunkanbieter und stehen für eine zeitgemäße Prioritätensetzung in modernen Gesellschaften.

Was heißt das für die Heranwachsenden? Kinder und Jugendliche wachsen abhängig vom sozialen Setting (Lebensstil der Familie, soziale Einbettung) mit jenen Technologien auf, die es in ihrem unmittelbaren Umfeld gibt. Und in der Welt der reflexiven Moderne werden somit auch Technologien zum festen Bestandteil ihres Lebens. Für die Kids und Jugendlichen von heute sind Computer und Internet letztlich so normal wie es für die vorangegangene Generation der Plattenspieler war oder das Radio und der Kühlschrank, das Kassettengerät, der Videoapparat und die Fernbedienung. Da jedoch die modernsten Technologien immer teuer sind, existieren technisch neu entwickelte Objekte, abhängig von der sozialen Schicht, für die einen früher und für die anderen später, nicht aber für alle in gleicher Weise. Gleichheit und Ungleichheit, Inklusion und Exklusion funktionieren damit fortschreitend nicht mehr allein über Geld, sondern auch auf Basis der Verfügbarkeit über neue Technik. Jugendliche, die 2004 bereits über leistungsfähige Rechner, einen Breitbandzugang ins Internet, einen DVD-Brenner etc. verfügen, sind in der Lage, nicht nur E-Mails zu verschicken und zu empfangen oder Spiele und Treiber „herunterzuladen", sondern auch dazu, sich übers Netz neueste Musiktitel und Filme zu beschaffen und diese entsprechend in digitaler Weise zu speichern und in neuen Kontexten zu verwenden (z.B. mit einem tragbaren MP3-Player).

2. Jugendliche – Aufwachsen mit Computer- und Netz-Technik

Die hochmodernen Technologien der schnellen Netze beziehen sich auf *Verfahren und Mittel der Informationserfassung, -verarbeitung und -übermittlung* (Breitband-Internet, Glasfasertechnik, Kabelfernsehen, Pay-TV, PCs) ebenso wie auf neue elektronische Kommunikationsformen (Mobilfunk, E-Mail, Chat, Newsgroups und Foren). Ihre Besonderheit ist die Multioptionalität. Mit ihrer Hilfe kann eine Vielfalt an Tätigkeiten ausgeübt werden. Dies unterscheidet sie von den Apparat-Entwicklungen (sie waren über die mit ihnen ausübbaren Funktionen definiert). Mit anderen Worten, Technik war traditionell über die mit ihr verrichtbaren Funktionen charakterisiert, und die historisch vorgängigen Produktions- und Gesellschaftsstrukturen spiegeln die jeweils vorherrschende gesellschaftlich angewandte Technik. Deshalb konnte Marx (1962) auch davon sprechen, die Handmühle stün-

de für die Feudalgesellschaft und die Dampfmühle für eine Gesellschaft mit industriellen Kapitalisten.

Hinzu kommt, dass traditionelle Technik sachlich, wie räumlich
zugeordnet werden konnte (vgl. Tully 2003a). Die Drehbank stand in
der Werkstatt, die Formpresse in der Fabrik, die Schreibmaschine im
Kontor, die Buchungsmaschine im Lohnbüro und die Zeichenma-
schine im technischen Büro. Der Service eines beliebigen Produktver-
triebs war im eigenen Firmengebäude und nicht wie heute in einem
Callcenter untergebracht. Die Benutzung all dieser Maschinen hatte
eine spezifische fachliche Kompetenz zur Voraussetzung.

Chip-Technologien flexibilisieren nun nicht nur gegenüber den
örtlichen, sondern auch gegenüber den sachlichen Kontexten, d.h. sie
öffnen die Nutzungsbreite für verschiedene soziale Situationen. Diese
Offenheit macht die Spezifik moderner Technologien aus, die Ausdruck und Träger sozialer Sinnbezüge sind.[3] Technik konstruiert, der
Luhmannschen Grundannahme folgend, die Gesellschaft über Kommunikation.[4] Sie ist ein Medium.[5] Die Leistung von entfalteter ‚Technik II' besteht darin, von spezifischem Berufswissen zu entbinden.[6]
Dazu geben Computer Rechtschreibhilfen oder Statistikroutinen vor,
helfen bei Steuererklärungen usw. Die Auflösung sachlicher Bezüge
geht mit der Auflösung von Authentizität einher. Vieles passiert
gleichzeitig und ohne Rücksicht auf die Spezifik der Orte. Globalisierung ist unter diesen Bedingungen möglich und wird als technisch
vermittelte praktiziert.[7]

Seit längerem ist bekannt, dass Programmierarbeiten aus Europa
und den USA nach Indien ausgelagert werden. Es gibt aber auch in

---

3   Hörning (1989) spricht von Technik als „Mittel wie Mittler" (S. 100) von Gesell-
    schaft und Kultur. Vgl. auch Dollhausen/Hörning (1996).
4   Vgl. Rammert (1989, 1993) und Halfmann (1995, 1996). Rammert versteht Tech-
    nik als „gespeicherte Kommunikation", die sich darauf bezieht, dass bestimmte Ope-
    rationen funktionierende Möglichkeiten darstellen. Bei Halfmann wird Technik,
    unter expliziter Anknüpfung an Luhmann, kommunikationstheoretisch als ausdiffe-
    renziertes Kommunikationsmedium, immer entweder als „Installation" oder als
    „Medium", betrachtet. Nach Luhmann (1975, 1984, 1996) begünstigen Medien-
    technologien eine kommunikative Gesellschaft. Sie erhöhen die Wahrscheinlichkeit,
    dass eine Mitteilung die Adressaten erreicht.
5   Vgl. Esposito (1993) zur Frage, ob der Computer ein Medium oder eine Maschine
    sei.
6   Zur Begriffsabgrenzung von Technik I und Technik II vgl. Tully 2003a, S. 57ff.
7   Vgl. dazu Urry (2000) der von ‚fluid' spricht und sagt, dass sich so soziale Kategorien
    verändern.

steigender Zahl Callcenter, die nicht mehr dort angesiedelt sind, wo sie vermutet werden.[8] Gerade deshalb wird Technik in ihrer Anwendung vielschichtig: Sie ist innen und außen, Fakt und Ästhetik, Symbol und Zweck, Emotion und Kalkül. Arbeit und Freizeit lassen sich weniger unterscheiden als früher. Im Büro präsent zu sein kann auch heißen, sich an einem anderen Ort aufzuhalten – die Differenz überbrücken Internet, Video-Konferenz und Handy. Je fortgeschrittener die Entwicklung in der Computerwelt ist, desto umfassender kann auf berufsspezifische Qualifizierung verzichtet werden. Problemlösungen fußen nicht mehr auf fachlicher Kompetenz der Akteure. Immer häufiger werden Problemlösungen im Internet eigenständig gesucht oder von Callcentern erwartet. In diesen Centern sitzen fachliche Laien, meist Teilzeitjobinhaber, die – so die gängigen Erfahrungen – gegenüber der spezifischen Thematik (Steuerzeichen, Programmablauf eines Vokabeltrainers) unerfahren sind. Diese Indolenz ist in der Art der Beschäftigung angelegt. Nach einem bestimmten Ablaufschema sollen die jeweiligen Probleme eingegrenzt werden, um auf dieser Basis Lösungsvorschläge zu unterbreiten. Freundlichkeit geht vor Fachlichkeit. Am einfachsten ist es aber, in solch einer ‚Notsituation' gänzlich auf (semi-)professionelle Hilfe zu verzichten und selbst initiativ zu werden. Auf diese Weise lernt man, in unterschiedlichen parallelen Bezugssystemen zu agieren. Mancher User ‚mutiert' dabei selbst zum Experten.

Multioptionalität, die Vielfalt an möglichen Kommunikations- und Informationsbezügen steht für die moderne Welt des 21. Jahrhunderts. Zu den Basisannahmen über die neuen Kommunikationsmedien gehört, dass mit ihnen die ganze Welt vernetzt würde. Lässt man einmal außer acht, dass es sprachliche Hürden und Verständnisprobleme gibt, die Grenzen für Ideen und Botschaften bilden, so zeigt sich, dass ein breites Angebot von unspezifischen Informationsinhalten irgendwo an irgendjemanden adressiert wird und zugleich überall zur Verfügung steht. Daten und Mitteilungen, die irgendwo auf dieser Welt entstehen, stehen zur Disposition, um jederzeit an fast allen Or-

---

8   In einer Reportage über Callcenter von US-Banken berichtet Steinberger (SZ Silvester 2001/Neujahr 2002, S. 3): Die zumeist sehr jungen Inder durchlaufen eine spezielle Schulung in der sie alles „typisch indische" ablegen sollen. Sie benutzen amerikanische Vornamen, versuchen, wie Amerikaner zu sprechen und arbeiten mit Zeit-Karten aus den USA, damit sie sehen, wie spät es dort ist, da sie selbst ihren Job beginnen, wenn es in Indien dunkel wird. Kulturelle Besonderheiten erweisen sich für die entlokalisierten Geschäfte als hinderlich.

ten abgerufen zu werden. Für eine Vielzahl von Informationen ist dies sicher ein beachtlicher Vorteil.[9] Die Kehrseite: „Heute wird nahezu jeder Bereich des Lebens dokumentiert – ob sinnvoll oder nicht. Jeder Mensch kann aber nur eine begrenzte Datenmenge aufnehmen" (Lewis 2003). Der beständig wachsenden Bilder- und Informationsflut in den Netzen steht meist geringes Wissen und wenig Erfahrung im Umgang mit den Daten gegenüber. Zukünftig wird es immer mehr darauf ankommen, Informationen richtig zuzuordnen, sie in sinnvolle verwertbare Kontexte zu stellen und vom „Datenmüll" zu trennen.

Das Verhältnis von Jugend und Technik ist, nicht erst seit es Computer und Internet gibt, durchgängiges Thema in repräsentativen Studien (Shell, IBM, Allensbach) und wird über die Jahre hinweg beobachtet. Nachdem noch in den 80er Jahren ein weit verbreitetes distanziertes Verhältnis Jugendlicher gegenüber der Computer-Technik diagnostiziert wurde,[10] wurde das steigende Interesse an Computer und Netz in den 90ern auch als Wende beim Technikinteresse gedeutet.[11] Das große Interesse auf Seiten der Jugendlichen an Spielen und neuen kommunikativen Möglichkeiten, die mit der digitalen Technik zugänglich gemacht wurden, hat sicher deren rasche Verbreitung gefördert.

Waren es anfangs vor allem die digitalen Spielewelten, so sind es heute die Chats (Höflich 2003; Willand 2002), das (illegale) Tauschen und Herunterladen von Musik und Filmen, aber auch der be-

---

9 Die Kehrseite aber ist, da Medien und Nachrichten, Daten und Informationen prägend wirken, dass so frei von Filtern auf Vorstellungen Einfluss genommen wird, zudem werden diese Informationen immer mehr mit den Bildern transportiert, womit eine Wahrnehmung aktiviert ist, für die das Wissen – bislang jedenfalls – wesentlich bei den Werbefachleuten liegt. Dieser beständig wachsenden Bilderflut in den Netzen steht nur geringes Wissen zu ihrer Bewältigung aus eigener Erfahrung gegenüber. Es wird immer wichtiger, Informationen richtig zuzuordnen und in verwertbare Kontexte zu stellen.

10 Insofern muss der Meinungsumschwung an der Einstellung gegenüber Computern nicht überraschen. „Waren 1986 nur wenige davon überzeugt, dass der Computer mehr Vor- als Nachteile bringt, teilt heute eine große Mehrheit diese Meinung" (IfEP 1995, S. 38).

11 Was nicht ganz zutrifft, denn was die Vorbehalte betrifft, so bezogen sie sich nur auf bestimmte Formen der Technikanwendung (Kernkraft, Großtechnologie, Wiederaufbereitungstechnologie, Waffentechnologien). Ausgangspunkt der gesellschaftlich vorgetragenen Sorge um das Verhältnis der Jugend zur Technik waren die Proteste der 80er Jahre gegen Atomkraft und Rüstung, die damals von Elisabeth Noelle-Neumann als „Technikfeindlichkeit der Jugend" bezeichnet wurden, und dieses kritische Verhalten der Jugend gegenüber der Technik wurde in den 80er Jahren ausgiebig thematisiert (zum Überblick vgl. Wahler/Tully 1991).

queme Zugang zu Informationen aller Art und nicht zuletzt Online-
Shopping, die das Interesse der Jugendlichen wecken. „Nahezu 95%
der... Jugendlichen verfügen entweder allein oder zusammen mit anderen Familienmitgliedern über einen Computer" (Tully 2003b, S.
146). Weiter ist bekannt, dass etwa alle 18 Monate neue Speicher-
technologien auf den Markt kommen, was einen Prozess kontinuierli-
cher Neuentwicklung seitens der Software anstößt, die die Leistungsfähigkeit der verbesserten Speichertechnik nutzt.

Beim Internet werden merkliche Wachstumsraten verzeichnet.
Weltweit gab es 2003 gut 700 Mio. regelmäßige ,Surfer' – Tendenz
steigend (BITKOM 2004, S. 4). Zu Recht gilt das World Wide Web
als junges Medium. 2003 lag der Anteil der 12- bis 19-Jährigen, die
einen Internetzugang zur Verfügung haben mit 85% deutlich über
dem Durchschnitt der Gesamtbevölkerung (JIM 2002, S. 41)[12].

Tabelle 1: Entwicklung der Internetnutzung in Deutschland (in %)

Jahr	Anteil der Bevölkerung, die das Internet nutzt
1998	11,8
1999	16,9
2000	28,6
2001	40,0
2002	46,0
2003	56,7

Quelle: ACTA 2003, eigene Darstellung

Basis: Bevölkerung Deutschlands 14-64 Jahre

Jugendliche erweisen sich als die ,Promotoren' der virtuellen Realitäten. Die Netzsurfer sind jung, bevorzugt männlich und verfügen über
gehobene Bildungsbiographien. Ablesbar ist dies an der Freizeitbe-
schäftigung männlicher Jugendlicher, in der der Computer einen festen Platz hat: Tätigkeiten am PC nehmen inzwischen den 3. und 5.
Platz unter den Freizeitpräferenzen männlicher Jugendlicher ein (vgl.
Jugendwerk 2002, S. 78).

Da Jüngere neue Technologien rascher aufgreifen, kommt es zu gene-
rationsspezifischen Einführungsgeschwindigkeiten und Einschätzungen
bezüglich der anstehenden technischen Neuerungen.[13] Die Compu-

---

12 2001 waren es noch 65% (JIM 2002, S. 13), 1998 35% (JIM 2002, S. 41). Die
    Daten beziehen sich auf Deutschland.
13 Vgl. Sackmann/Weymann 1994, S. 183. In Bezug auf Technik als Erfahrungsobjekt
    lassen sich eine ,Vorkriegsgeneration' (1895 bis 1933), die ,Nachkriegsgeneration'

terfans sind jung und sie genießen ein hohes Sozialprestige vor allem in ihrer eigenen Altersgruppe. Dabei gibt es eine deutliche Differenz bei der Beurteilung von Technik abhängig davon, ob von Männern oder Frauen die Rede ist.[14] Wenn es um Computer geht, dann zeigt sich jedoch im Zeitvergleich ein wachsendes Interesse an technischen Gadgets nicht nur auf Seiten der männlichen Jugendlichen sondern auch bei den jungen Frauen. Beim Handybesitz haben weibliche Jugendliche inzwischen sogar die Oberhand (vgl. Tully 2003b, S. 146).

Tabelle 2: 12- bis 19-jährige Jugendliche, „die zumindest selten" das Internet nutzen (in %)

Jahr	Männlich	Weiblich	Gesamt
1998	21	14	18
2001	67	59	63
2002	83	83	83

Quelle: JIM 2002, S. 45

Beim Internet ist es wie früher, als es um Home-Computer und PCs ging und sich die männliche Jugendlichen zuerst diese modernen Apparate angeeignet haben. Ganz generell lassen sich Mädchen nicht so leicht für technischen Firlefanz begeistern wie Jungen, sie pflegen insofern einen rationaleren Umgang mit Technik. Wenn schließlich

---

und die ‚Umweltgeneration' gegeneinander abgrenzen und es lässt sich zeigen, dass die Generationen, denen ein Aufwachsen mit bestimmten technischen Innovationen gemeinsam ist, typische Erfahrungen im Technikumgang teilen. Deshalb bewerten Jüngere neue Technik bevorzugt positiv und sehen etwa den Computer als Gerät zur Arbeitsvereinfachung, das dabei hilft, gesundheitsschädigende Arbeiten zu ersetzen und das zudem den Freizeitgewinn erhöht.

14 Zum Verhältnis von Frauen zur Technik siehe die systematische Beschäftigung bei Wajcman 1994; Metz-Göckl u.a. 1991; Ritter 1994; Waibel 1992; Dippelhofer-Stiem u.a. 1994; Heppner u.a. 1990; Collmer 1997. Auf die Frage: „Glauben Sie, dass der Fortschritt der Technik das Leben für die Menschen immer einfacher oder immer schwieriger macht?" antworten rund 43% „immer einfacher" und ein Drittel (33%) „immer schwieriger". Sichtet man die Antworten nach dem Geschlecht, so zeigt sich, dass Frauen weniger oft als Männer davon ausgehen, dass Fortschritte der Technik das Leben einfacher machen. „Die Repräsentativerhebungen, ... dokumentieren die Geschlechtsspezifität des technischen Interesses, das bei Frauen deutlich geringer ausgebildet ist als bei Männern. Nur jede vierte Frau möchte wissen, wie die technischen Dinge funktionieren, bei Männern sind es immerhin 56%. Frauen scheinen eher am Gebrauchswert der Sache interessiert zu sein, was darin zum Ausdruck kommt, dass sie zufrieden sind, wenn das Ding funktioniert (69% der Frauen, nicht aber so die Männer: 35%)" (Noelle-Neumann u.a. 2002, S. 1029).

technische Neuerungen nicht mehr vorrangig von Männern aufgegriffen werden, sondern wenn sich in steigendem Maße auch Frauen den technischen Geräten zuwenden, dann ist dies ein wichtiger Indikator für die Veralltäglichung der Chiptechnik. In der Allensbacher Repräsentativ-Befragung zur Computerverbreitung wird ermittelt, dass der Anteil der Frauen, die einen Computer kaufen und nutzen wollen, kontinuierlich ansteigt (1990 waren 35% der Computer-User Frauen, 1997: 44%).

Jugendliche gelten generell als wichtige Akteure gesellschaftlicher Modernisierung und wie sich zeigt, benutzen sie Computer gerade nicht einfach zum Rechnen, Schreiben oder Organisieren, sondern bauen dieses moderne Artefakt (ähnlich wie auch Musik, Moden und Mobilität) in identitätsstiftender Absicht in ihren Alltag ein. Jugendlichen geht es um die Ablösung von den primären (Familie, Schule) und die Orientierung hin zu den sekundären Sozialisationsinstanzen (Peers, Partnerschaft, Beruf). In diesen Prozessen der Ablösung und Verselbständigung werden unterschiedliche gesellschaftliche Angebote auf ihren identitätsstiftenden Beitrag hin beurteilt (vgl. Ferchoff 1997; Tully 1996), was ebenso für Musikstile wie für technische Artefakte (Fahrzeuge, Computer, Internet etc.) gilt. Erwachsene wählen hierbei typischerweise eine instrumentelle Zugangsweise, indem sie bei den neuen Technologien deren werkzeugmäßigen Einsatz bedenken. Jugendliche wählen dagegen andere Zugänge. Sie prüfen, was jenseits klarer Zweckhaftigkeit sonst noch mit den Artefakten angefangen werden kann. Offene, gestaltbare Technologien wie Internet und Computer haben deshalb auch immer eine jugendkulturelle Grundfarbe. Es geht darum, sich in unernster Weise gesellschaftlich verfügbare Dinge anzueignen und sie zur Kultivierung individueller Stile in den eigenen Alltag einzubauen.

3. Kontextualisierung als Kern des Umgangs mit neuen Technologien

Neue Technologien sind *multifunktional* und in ihren Verwendungen *optional,* d.h. sie sind frei von bestimmten Zwecken. Notwendig kommt damit ihrer Aneignung durch die Subjekte besonderes Augenmerk zu, da bei unterschiedlichem individuellem Interesse und entsprechender angewandter Kompetenz bei gleichen Ausgangskonfigurationen verschiedene Ergebnisse realisiert werden. Was bedeutet das konkret? Nun, der Computer kann als Spielgerät fungieren oder als Terminal im Netz (Informationsmaschine), als Fotoarchiv, Fernseher, als Videorekorder oder Musikgerät, aber auch als eine Rechenoder Schreibmaschine usw. Unübersehbar kommt der Kontextualisierung, also dem individuellen kreativen Akt der Aneignung von Technik besonderer Einfluss zu, ablesbar ist daran auch, dass Computer im steigenden Maße internet- und multimediafähig gemacht worden sind.

3.1 Der Zuwachs an Optionen macht spielerisches Aufgreifen erforderlich

Industriewirtschaftliche Technologien sind mit definierten Funktionen ausgestattet (Drehbank zum Drehen und Bohren). Sie wurden eingesetzt, um spezifische Zwecke zu realisieren. Technikanwendung war bewusstseinspflichtig und basierte auf rationellen Abwägungen, wobei entsprechende Zweck- und Mittelabwägungen angestellt wurden. Bei moderner Technik tritt der Zusammenhang von Handlungsabsicht und Handlungsfolgen in den Hintergrund. Anstelle von ‚Rationalität' geht es um ‚Effekte'; bezieht sich Rationalität auf die Handlung, so erweist sich der ‚Effekt' als von spezifischen Absichten gesteuert und letztlich als adressatenabhängig. Es geht um eine Handlungsintention, nicht um kühle Zweck- und Mittelkalkulation. Damit verändern sich die Bezugsbegriffe der Rationalität grundlegend. Es verändert sich, „zumeist unbemerkt – das, was man unter ‚rational' versteht und damit das, was der Mensch in seinen höchsten Möglichkeiten von sich selbst erwartet" (Luhmann 1972, S. 15). Mit dem Multifunktionsapparat ‚Computer' wird die Rationalität als Zweck-Mittel-Bezug nachrangig. Im Netz, beim Leben in virtuellen Welten fehlen in der Regel klare Zwecke, an ihre Stelle treten Motive. Diese Ablösung von Zweck und Funktionalität ist im Begriff der ‚Benutzerlogik' anschaulich erkennbar. Bei wachsender Optionalität kann es keine eindeutigen Zwecke mehr geben. Der *spielerische* Umgang mit Technik wird deshalb zum vorherrschenden Umgangsstil. Surfen beschreibt ein offenes und spielerisches Verhältnis, das zur Welt des Computers eingenommen wird. Die lockere Suche im Internet ist somit keine zufällige sondern eine notwendige Begleiterscheinung, um auch unter der Bedingung von Dynamik und Vielfalt der Möglichkeiten agieren und reagieren zu können. Die Entfaltung der Computertechnik geht mit einem Zuwachs an Möglichkeiten und damit zugleich mit einer Veränderung des Verhältnisses einher, die Nutzer zu dieser Technik einnehmen. Waren die ersten Rechner nur mit hochspezialisiertem Fachwissen beherrschbar, so ermöglichen moderne Betriebssysteme und userfreundliche Programmoberflächen einen *unsystematischen, unernsten und spielerischen Umgang*. Moderne Anwendungen basieren meist auf ‚intuitiver' Nutzung. Aufgrund der enorm vielen Verwendungsbezüge kann ‚computern', und ‚surfen' auch nicht mehr auf Vorrat angeeignet werden. Was künftig relevante Fähigkeiten und Fertigkeiten beim Umgang mit Technik sein werden, ist deshalb nur schwer antizipierbar, weshalb die Einbeziehung des Netzes in den schulischen Fächerkanon durchaus komplikationsreich sein wird.

Ein weiterer Aspekt der veränderten Motivlage hinsichtlich der Nutzung der neuen Technologien lässt sich ebenso beim Internet aufzeigen. Es geht um emotionale Qualität, d.h. Technik und Medien werden immer weniger als Werkzeug erlebt, deren Benutzung erlernt werden muss, sondern ihre Anwendung selbst besitzt emotional positive oder negativ besetzte Qualität. Wenn es, wie dies für die Mediennutzung üblich geworden ist, vorrangig um Wirkungen, also um die Erzeugung von Effekten geht, dann geht damit auch die Sensibilität für einen zweckrationalen Umgang verloren. Wie die Computer im Netz unseren Alltag formen, wie sich unser Denken und Kommunikationsverhalten entwickeln, wird kaum bemerkt, da mit der intuitiven Benutzung die Veränderungen schleichender Art sind. Es geht nicht um systematische Aneignung, nicht um systematisches Lernen, sondern die Aneignung erfolgt auf spielerische, freak- bzw. bricolagehafte Weise, selbst in der Arbeit (also nicht nur bei den Kids und den Jugendlichen) wird die Benutzung und Nutzungsabsicht nicht mehr durchgängig systematisch abgeprüft. Als Leitlinie der Softwarehersteller gilt, Computer und Netze sollen so fraglos benutzt werden wie vormals die Fernbedienung zum TV-Gerät (vgl. Gates 1997 und Negroponte 1997), also wird sich das Zappen nicht auf den traditionellen Medienkonsum beschränken.

3.2 Kontextualisierung als neue Aufgabe

Dennoch wird seitens der Subjekte ein lernender Umgang mit den Dingen praktiziert werden müssen, da die neuen Welten kontextualisiert werden müssen (vgl. dazu den innovativen Beitrag von Marotzki 1997, der vor allem auf Bateson verweist). Mit Bateson und Jean Piaget kann der stattfindende Austausch von Subjekten und Kontext bzw. Objekt entsprechend analysiert werden. Der Analyse Piagets ist zu entnehmen, dass die Objekte immer nur als durch die Subjekte wahrgenommen existieren. Sie sind folglich nicht einfach, was sie sind, sondern werden vom Subjekt sinnlich erfahren, wahrgenommen, interpretiert, gedeutet und stufenförmig angeeignet. Bei Bateson werden Formen des Lernens vom einfachen Stimulus-Respons bis hin zum Umgang mit unstrukturierter Umwelt unterschieden, woraufhin entsprechende Handlungs- und Kontextbezüge entfaltet werden. „Vieldeutigkeit tritt an die Stelle von Eindeutigkeit" dies gilt auch für Identitätsentwürfe. Die starre Bindung an Kontexte weicht einem „mehr oder minder freien Spiel" (vgl. Marotzki 1997, S. 186f.). Gerade für die moderne Welt gilt: Technik ist nicht mehr fix und fertig und in abzählbaren Funktionen vorhanden, sondern aus dem Bündel von Optionen müssen von den Subjekten für sie relevante Muster ausgewählt und auf ihre individuelle Benutzung hin konfiguriert werden. Insofern kommt es immer mehr darauf an, wer sich mit der Technik in welcher Weise befasst.

Individualisierung und Pluralisierung als gesellschaftliche Trends der Moderne werden hiermit bestätigt (vgl. Beck 1997), schließlich gehört eine Vielzahl von Wahlmöglichkeiten (Gross 1994) zu den Grundzügen der modernen Gesellschaft. Für Erwachsene kann sich die Ausübung von Optionen angesichts fehlender Eindeutigkeit von Zwecken und abgebbaren Funktionen der Dinge durchaus als mühsam erweisen. Moderne Kommunikationstechnologien räumen den Individuen neue Wahlchancen ein, deshalb müssen sie lernen, mit einer großen Zahl von Optionen umzugehen. Wenn die sinnstiftenden Koordinaten fehlen, erweisen sich Optionen als ‚leere Wahlchancen‘ (Dahrendorf 1983), und die Aufforderung, aus der Vielzahl der Möglichkeiten ‚passende‘ auszuwählen, kann dabei durchaus zum Dilemma werden. Insbesondere Erwachsene sind mit dieser für sie ungewohnten Vielfalt an Optionen gelegentlich überfordert. Jugendliche haben da in der Regel weniger Probleme und gehen spielerisch mit den angebotenen technischen Neuerungen um und empfinden sie möglicherweise deshalb als Bereicherung. In der Regel präsentiert sich das Netz ja auch als Ansammlung eines großen Warenhauskatalogs, mit vielen Bildern und Links, die auf weitere interessante Dinge verweisen.

Wozu wird das Internet genutzt? Wichtig ist es vor allem, E-Mails verschicken und erhalten zu können, aber auch, sich über Alltägliches zu informieren. Was gibt es, wo ist was los? Was kommt im Kino, finden irgendwelche Events statt? Wie lange läuft meine Versteigerung noch? Gibt es ein neues Schnäppchen bei Ebay? Was ist musik- und filmmäßig verfügbar, usw. Die Angebote sind vielfältig. An zweiter Stelle steht die Möglichkeit, Informationen abzurufen, d.h. es geht darum zu wissen, was kostet ein Last-Minute-Flug, welche Angebote gibt es am gewünschten Urlaubsort, welche Bahn-, Bus- und Autoverbindungen sind günstig. Laut ACTA (2003) kaufen bereits über 40% der 14- bis 64-jährigen Bevölkerung online Waren ein. Das entspricht etwas mehr als 20 Millionen Menschen. Knapp ein Viertel von ihnen kann sogar als „häufige Onlinekäufer" charakterisiert werden (vgl. ACTA 2003).

Ein anderer wesentlicher Punkt ist sicher der Spaß am Surfen selbst, d.h. der Spaß ist nur abhängig von der eigenen Disposition, am Wühltisch der bunten Datenwelt zugreifen zu können. In Datenbanken zu recherchieren und Bankgeschäfte erledigen sind weitere bedeutsame Beschäftigungen. Schule, Ausbildung und Beruf sind zentrale Themen der Internetnutzung, denn über das Netz können Informationen zu Weiterbildungsangeboten und Jobs, Stellenanzeigen diverser Zeitungen oder des Arbeitsamtes eingeholt werden. Stundenpläne, Semesterveranstaltungen, studienbegleitende Unterlagen und Literaturinformationen sind für Studenten online abrufbar. Aber auch wissenschaftliche Inhalte lassen sich in steigendem Maße finden. Viele Fachzeitschriften haben ein teilweise kostenpflichtiges Archiv ihrer Artikel im Netz, auf das bei Bedarf zugegriffen werden kann. Wissenschaftliches Arbeiten ist heute ohne das World Wide Web kaum mehr denkbar.

4. Informalisierung und soziale Strukturierung

4.1. Zum Verhältnis der Generationen

Von Sennet (1998, S. 124) wird darauf aufmerksam gemacht, dass heute vor allem Jüngere als leistungsfähig und dynamisch gelten, Alter jedoch wesentlich mit ‚starr' und wenig flexibel angesetzt wird. Erfahrung spielt kaum mehr ein Rolle, wichtiger wird es, den Zeitgeschmack zu treffen und den tagesaktuellen Anforderungen gerecht zu werden. Dies ist gerade angesichts sich rasch ändernder technischer Neuerungen und des Umgangs mit unstrukturierten Wissensangeboten, wie z.B. dem Internet von herausragender Bedeutung. Absehbar ändert sich mit dem veränderten Umgang mit den Dingen und Problemen das Verhältnis der Generationen. Generationen unterscheiden sich, so sagt Karl Mannheim (1928) in ihren Deutungen und Umgangsstilen der Dinge, d.h. gleiche Ereignisse werden von Jüngeren und Älteren in unterschiedlicher Weise bearbeitet, die Bearbeitungsformen wiederum sind abhängig von den vorangegangenen Erfahrungen. Heute an der Schwelle zu den virtuellen Welten wird bemerkbar, „dass gerade jene Generation, welche gegenwärtig aufwächst, das Verhältnis zwischen ‚realen‘ und ‚künstlichen‘ Welten für sich neu zu definieren hat – als eines, das anerkennt, dass es keine starren Grenzen zwischen ihnen mehr gibt" (Moser 1997, S. 11).

Die unterschiedlichen Herangehensweisen an die neuen Technologien gehen auf generationsspezifische Umgangsstile mit der zunehmenden Vielfalt an Optionen in der modernen Welt zurück, und weil moderne Kommunikationstechnologien den Individuen enorm viele Wahlchancen einräumen, bedeutet dies, zu lernen mit einer großen Zahl an Optionen zu jonglieren und aus dem Bündel der vielen Möglichkeiten persönlich bedeutsame Features auszuwählen, um diese dann auf die individuelle Bedeutsamkeit und Benutzung hin zu organisieren. Nicht immer fällt es leicht *‚Passendes‘ auszuwählen*, vor allem gehen Erwachsene und Jugendliche mit diesen ‚Angeboten‘ in unterschiedlicher Weise um. Jugendliche bevorzugen einen unernsten spielerischen Umgang mit den Dingen, sie suchen dabei auch keine dauerhaften Lösungen und sind damit immunisiert gegenüber einer Entwertung erprobter Umgangsweisen. Nur wer mit einem routinierten Handlungswissen an seine täglichen Verrichtungen herangeht, kann erleben, wie dies durch neue Offerten (PC, Netz, Datenbanken) entwertet zu werden droht. Was zunächst nur die Art der Benutzung der neuen virtuellen Welten betrifft, bekommt unter den Bedingungen von dynamischer Entwicklung und Vielfalt der Verwendungsbezüge eine eigene Qualität, und Jugendliche sind in besonderer Weise in der Lage mit diesen Vorgaben umzugehen. Dynamik, die beständige Suche und Neuorientierung sind schließlich ohnehin die gängigen Bausteine jugendlicher Identitätssuche und -bildung. Optionalität wird in diesem Prozess als Chance begriffen, den eigenen Präferenzen als Heranwachsender Ausdruck geben zu können. Netz und virtuelle Realität werden als neue jugendgemäße Freiheitsgrade erkannt und produktiv in den eigenen Alltag integriert. All dies passt zu den Grundzügen des Jugendalters als Lebensphase der Ablösung, innerhalb derer es weniger auf (Verfahrens-)Wissen als auf das Ausprobieren ankommt. Nur bei Erwachsenen steht entfaltete Habitualisierung im Konflikt mit Dynamik und der mit ihr erzeugten Entstrukturierung von vertrauten Bezügen, nur für Erwachsene fällt mit fortschreitendem Alter die Aneignung von neuen ‚Features' mit einem notwendigen Verlernen von vormals funktionsfähigen Stilen und Routinen zusammen, erst im Alter wird die Benutzung erprobter Handlungsschemata[15] wichtiger, weil das Verlernen bewährter Verfahrensweisen schwieriger wird.

4.2 Jugendstile und Routinen

Während also Erwachsene auf Erfahrung setzen und auf diese aufbauen, verfügen Heranwachsende noch über keine entfaltete ‚Technik-Biographie'. Allerdings verfügen sie über eine hohe Medienkompetenz im digitalen Bereich. Über die Benutzung von Spielcomputern und Kommunikationsmedien (Spielkonsolen, Computerspiele, PC, DVD, Handhelds, E-Mail, Internet etc.) werden Interpretations- und Wahrnehmungsschemata ausgebildet. Jugendliche können sich rascher auf Bildschirmen orientieren, sie verfügen über ein fundiertes Basiswissen der digitalen Befehlseingabe und sie können besser als Ältere die Vielzahl von Bildsymbolen parallel wahrnehmen und verarbeiten. Diese *Medienkompetenz der digitalen Art*[16] basiert auf der vom Kindergartenalter an absolvierten Mediensozialisation, sie schließt den routinisierten Umgang mit digitalen Denkschemata ein („weniger-mehr", „schneller-langsamer", „heller-dunkler", „lauter-leiser", „oben-unten", u.a.m.). Dies sind gänzlich andere Fähigkeiten als jene, die die vorangegangene Generation (männlicher) Jugendlicher beim Spiel mit technischen Geräten (Eisenbahn, Fischerbaukasten etc.) erwarb; vormals ging es um die Aneignung von Funktionsbezügen, jetzt um den Erwerb von Bedienungsgeschicklichkeit. Die Generation der jungen Erwachsenen hat im Zuge ihrer kindlich-jugendlichen Mediensoziali-

---

15 In diesem Sinne kalkulieren Banken mit ihrer älter werdenden Kundschaft. Auch wenn Geldautomaten und Online- sowie Telefonzugänge die Arbeitswelt in den Kreditinstituten radikal verändern, in München beispielsweise wurden binnen Jahresfrist 20% weniger Stellen in diesem Bereich verzeichnet, vertraut die zuständige Gewerkschaft (Handel, Banken und Versicherungen) auf Verzögerungen beim Filialensterben der Banken, denn im Durchschnitt wird die Bevölkerung immer älter, Ältere „nutzen den Computer nicht wie die Jungen – auch nicht für Bankgeschäfte" („Die Filialen sterben langsam, aber sicher", Süddeutsche Zeitung vom 3.7.1999, S. 57).

16 Diese *Medienkompetenz der digitalen Art* fehlt Älteren. Rasche Wechsel der Bildfolgen sind für jüngere Zuschauer hoch attraktiv und deshalb im Fernsehen zum Stilmittel avanciert, Ältere werden davon irritiert.

sation diverse Neuerungen bewältigt (Apple II, Apple III, Commodo-re, ‚Kompatible' und Windows usw.), sie hat verschiedene Änderun-gen in der digitalen Welt kennen gelernt, dafür wurden Zeit, Energie und Mühe investiert und nebenbei wurde erfahren, die Mühen und Kosten für die so erworbenen Fertigkeiten können nicht mehr über einen längeren Gebrauch amortisiert werden. Wer diese Mühen be-ständiger Aktualisierung nicht auf sich nimmt, ‚fällt ab', läuft Gefahr sich auszugrenzen, weil kompatibel zu bleiben keine Entscheidung mehr ist, die von den Benutzern der neuen Technik getroffen wird, vielmehr ist es so, wer sich nicht dafür entscheidet, organisiert seine eigene Exklusion.

5. Informalisierung – wachsende Eigenverantwortlichkeit

Je dynamischer die gesellschaftliche Entfaltung verläuft, desto weniger können Menschen auf vertraute Strukturmuster aufbauen, damit folgt, wenn vertraute Strukturen fehlen, müssen sich Individuen die notwendige Orientierung selbst konstruieren und im umfassenden Sinne eigenverantwortlich handeln. Ein strategisches Verhalten ge-genüber den gesellschaftlichen Anforderungen wird fortschreitend schwieriger, wenn nicht gar unmöglich, da Handlungsbezüge in im-mer geringerem Maße antizipierbar sind.

5.1 Informalisierung

Was von Urlaubsreisen bekannt ist, trifft den eigenen Alltag. Infor-malisierung ist ein Prozess, in dem wir vertrauter und als verlässlich unterstellter Bezüge verlustig gehen. Bei Urlaubsreisen in anderen Ländern ist beispielsweise zu bemerken, dass die Symbole, die den Alltag ordnen, anders gestaltet sind und es bedarf einer gewissen Mü-he, sich damit zu arrangieren. Brechen vertraute Bezüge weg, so wer-den Irritationen real, wie sie aus Charly-Chaplin- und Woody-Allen-Filmen bekannt sind (es wird in die Leere hinein gehandelt); für die alltägliche Organisation des Lebens bedeutet dies jedoch, dass sich In-dividuen die fehlenden Bezüge selbst besorgen müssen (vgl. Beck 1993, S. 151). Es lassen sich unterschiedliche Bedeutungsräume für Informalisierung anführen und gegeneinander abgrenzen, zu nennen sind vor allem: informelle Muster im alltäglichen Handlungsgefüge

und als Ausdruck zivilisatorischer Entwicklung, informelle Bezüge aus
organisationssoziologischer Sicht, weiter wird aus wirtschaftspoliti-
scher Perspektive von informeller Ökonomie (Schattenwirtschaft) gesprochen und schließlich gibt es seit längerem in der Erziehungswissenschaft eine Beschäftigung mit informellen Bildungsformen. Im
Folgenden gehen wir vor allem auf die Auseinandersetzung mit dem
zivilisationstheortischen Begriff ein. Was den in diesem Beitrag ver-
wandten Begriff der Informalisierung betrifft, so bezieht er sich darauf, dass Handeln in der Gesellschaft, in bestimmten Institutionen
und Organisationen in unterschiedlichem Grade reguliert ist. „Während Institutionen wohl am besten auf dem Boden traditioneller Gesellschaften und Lebensweisen gedeihen, sind Organisationen Formen ge-
regelter Kooperation ... (Der) sachlich gliedernde und planende Verstand, der bewusst bestimmte Mittel für bestimmte Zwecke ordnete, ist
charakteristisch für" ein organisiertes gedankliches und soziales Umfeld
(Gukenbiehl 1992, S. 104). Nun wissen wir, dass Institutionen die Aufgabe zufällt, die Herstellung gesellschaftlichen Konsenses zu verbessern
(vgl. Luhmann 1970, S. 30), diese Aufgabe gestaltet sich allerdings im
Zuge der gesellschaftlichen Differenzierung und Deinstitutionalisierung
als immer schwieriger (vgl. ebd., S. 37). Mit steigender gesellschaftlicher
Differenzierung gehen insofern auch neue Anforderungen einher, die
dem gesellschaftlichen Stand der Entwicklung gemäß immer weniger
absehbar sind (vgl. ebd., S. 40; Beck 1993 S. 90). Mit der reflexiven
Modernisierung so Beck „verschiebt sich das gesellschaftliche Gefüge ins
informelle" (Beck 1993, S. 65).

Während also die Durchsetzung der Industriegesellschaft auf Standardisierung und Formalisierung setzt, lässt sich zeigen, dass die Modernisierung der Informationsgesellschaft auf informellen, individualisierten Anstrengungen aufbaut, diese Tendenz lässt sich aus soziologischer Sicht als Informalisierung bezeichnen. Wouters (1979, 1986)
und Elias (1989) diagnostizieren einen Trend zur Informalisierung,
wobei Wouters diesen Trend auf Veränderungen im Kräftespiel der
sozialen Klassen und Generationen zurückführt, bei Elias ist diese
Diagnose Baustein seiner Zivilisationstheorie. Die Informalisierung,
so seine These ist Spiegel der Intensivierung des Zivilisierungsprozesses, da sie mit einer „Zunahme des gesellschaftlichen Druckes zur
Selbstregulierung einhergeht" (Elias 1989, S. 60). Bei Breuer (1995)
wird dieser Sachverhalt zu Recht als gesellschaftliche Entstrukturierung und eben nicht als Befreiung des Subjekts gedeutet. Dies entspricht auch dem Verständnis von Informalisierung in diesem Beitrag.

Schließlich geht es um die gesellschaftliche Diffusion von Technik und die damit einhergehenden entstrukturierenden Effekte. Wie sich zeigt, entlässt die Anwendung hochmoderner Technik die Subjekte aus engen Bezugsvorgaben, und erfolgreiches Handeln setzt engagiertes Tun voraus. Bei Breuer wird gegen Elias argumentiert, der in der Informalisierung den Beleg für die Intensivierung des Zivilisierungsprozesses gesehen hat, richtig sei allerdings, wenn Elias und Wouters Informalisierung nicht einfach als einen Übergang ins Chaos und die Regellosigkeit sehen wollten.[17] Anders als die Zivilisationstheoretiker unterstellten, ginge es um wachsende Souveränität der Subjekte, die es ihnen erlaubte, rigide Kontrollen in bestimmten Bereichen zu lockern. Das Subjekt scheint eher zum Zerfall zu tendieren: „Spaltung in ein uneigentliches Selbst, das sich den externen Funktionsimperativen der organisierten Sozialsysteme anpasst und in ein eigentliches Selbst, das sich in den Intermundien dieser Systeme entfaltet und überall dort, wo es auf keine Schranken mehr stößt, den Impulsen seiner jeweiligen emotionalen Befindlichkeit folgt (Gerhards 1988, 237f.)" (Breuer 1995, S. 41f.). Die größere Verantwortung, die den Subjekten zufällt, geht mit *typischen Risiken* einher, sie sind auch technisch, d.h. *über die Benutzung neuer Medien vermittelt*, es sind dies u.a. solche der *sozialen Ausgrenzung* und solche, die aus der *Verwechslung von Artefakt und Sozialem* resultieren.

---

17 Selbstverständlich seien moderne Gesellschaften „bei aller Lockerung von Konventionen und Standards, durch ein sehr hohes Maß an Regulierung gekennzeichnet. Nur: Diese Regulierung ist ein Effekt der organisierten Sozialsysteme, die strukturell in keiner Beziehung zu den Interaktionssystemen der höfischen Gesellschaft stehen. Der in ihnen endemische Rationalisierungzwang dürfte weit mehr als alle Veränderungen in den Machtbalancen zwischen verschiedenen sozialen Gruppen dazu beigetragen haben, dass die überkommen Interaktionsrituale nach und nach über Bord geworfen wurden. Zweitens aber kann die Informalisierung auch deswegen keine Intensivierung des Zivilisationsprozesses sein, weil die partielle Entstrukturierung der äußeren Beziehungen mitnichten durch Strukturgewinne im Innern der Subjekte kompensiert wird. Die ‚vorzeitige' Sozialisation, so haben wir im vorigen Abschnitt gesehen, führt gerade nicht auf eine „höhere Ebene des Bewusstseins und wahrscheinlich auch eine höhere Ebene der Selbststeuerung" (Wouters 1979, 294), sondern zu einer Schwächung des Ichs und einer Entstrukturierung des Über-Ichs" (Breuer 1995, S. 41).

5.2 Soziale Ausgrenzung

Surfen ist nicht umsonst – wenn nicht der Anschluss der Unis oder
der Schule benutzt werden kann – und vor allem kosten gute Dienste
richtig Geld. Wer gesellschaftliche Exklusion abwehren will, muss
hierzulande über die modernen Gadgets disponieren können. Dies
kann nicht für alle vorausgesetzt werden.[18] Bekannt ist weiter: Mediennutzung macht die Menschen nicht gleich, sondern wirkt differenzierend. Bekannt ist dies aus der Zeit, als das Fernsehen vor seiner
massenhaften Durchsetzung stand und eine Wissenskluft-These (vgl.
für den deutschen Sprachraum Bonfadelli 1980) formuliert wurde.
Verkürzt dargestellt besagt diese, inwieweit das ‚Ob' und ‚Wie' der
Nutzung eines gegebenen Wissensangebots von der sozialen Einbindung abhängt. Menschen aus den oberen Schichten bzw. mit höherer
Bildung nutzen Medien zur Informationssuche, alle anderen eher zur
Unterhaltung. ‚Mehr' Fernsehen macht nicht alle klüger, und dies
trifft analog auch für das Internet zu. Absehbar steigt die gesellschaftliche Bedeutung neuer Technologien, insbesondere nehmen mit dem
Internet die Möglichkeiten zur Informationsgewinnung, -verarbeitung
und -speicherung, aber auch die zur Unterhaltung beständig zu, weshalb der Sicherung von Zugangsmöglichkeiten hohe Bedeutsamkeit
zukommt. Insofern Kommunikationstechnologie als Basistechnologie
etabliert wird, ist diese Entwicklung im Hinblick auf ‚access' und ‚use'
zu hinterfragen. Des Weiteren kommt auf die Pädagogik die Aufgabe
zu, den Diffusionsprozess der neuen Technik im Hinblick auf ‚access'
und ‚use' abzusichern.

Neue Medien wirken statusdifferenzierend, denn während es für
Studierende in Bogotá oder Bochum einen kostenfreien Zugang zum
Internet gibt, existiert ein vergleichbares Angebot für junge Auszubil-
dende und junge Arbeitslose nicht. Das heißt, nur wer in ‚ordentli-
chen' Bildungsinstitutionen eingebunden ist, hat auch Zugang zum
Netz über die Institutionen, ansonsten entscheidet die soziale Herkunft über die Chance, sich in das ‚world wide web' einzuklinken.
Hier sind öffentliche Bibliotheken, Bildungsanstalten wie Volkshoch-
schulen und die Jugendarbeit gefordert, im Dienste der gleichen

---

18 Deutlich wird dies beispielsweise an Stellenanzeigen im Internet: Wenn das Arbeits-
amt offene Stellen ins Internet „stellt", sind es vor allem Ärmere und Schlechtqualifi-
zierte, die weder über die (technische) Ausstattung, noch über die Kompetenz zum
Umgang mit dem Internet verfügen.

Chancen aktiv zu werden. Die vorhandenen Internetcafes können Modellcharakter haben, um Internetnutzung so selbstverständlich werden zu lassen, wie es früher im Rahmen von Jugendarbeit einmal die Bastelwerkstätten fürs Mofa oder die Videowerkstätten waren. Wenn schon über die Vermeidung sozialer Exklusion durch die Disposition über die neuen Netze entschieden wird, muss deren Zugang auch offen gehalten werden.

5.3 Verwechslung von Artefakt und Sozialem

Bis in die 70er Jahre hinein war die These vom Sachzwang der Technik durchaus geläufig. Unter Berufung auf Gehlen (1972) sollte die fortschrittliche Welt so beschaffen sein, dass sie sich bestimmter Entwicklungen der Technik ohnehin nicht verschließen konnte, dass also ihre Anwendung in der Produktion sozusagen auf der Hand lag. Im Zuge der kritischen Überprüfung vertrauter Begründungen durch die 68er Generation wurde auch die soziale Gestaltung der Welt durch Technik im Dienste einer Emanzipation der Subjekte einer offenen Debatte ausgesetzt. Statt „Sachzwang" durch die Maschinentechnik auf dem Weg zur Automatisierung wurde auf die soziale Gestaltung der Welt gesetzt, dies hieß auch, dass Technik als soziale und damit gestaltbare Dimension betrachtet wurde, die Rede war deshalb auch von ‚Technik als endogenem Faktor'. Während damals noch klar sein durfte, was Technik einerseits, was soziale Folgen und Bedingungen andererseits sind, so sind die Grenzen heute weniger deutlich ausweisbar und das hat unter anderem damit zu tun, dass Technik sich heute auch in anderen Bereichen des Alltags bemerkbar macht. Ließ sich vormals leichter zwischen Artefakt und Sozialem unterscheiden, so ist die Verwechslung beider heute keineswegs nur mehr zufällig. Technik, die nicht mehr zum Anfassen ist, ist schwerer zu verorten.

Die Grenzen zwischen dinglicher und sozialer Welt fließen also. Auch bei Turkle (1995) wird ein Wechsel der kulturellen Perspektiven behandelt, sie spricht von einer ‚Culture' der Simulation und Stimulation, die uns nun erreicht haben soll. Ihre Ausführungen zum virtuellen Sex, werfen zu Recht die Frage danach auf, wo eigentlich soziale Interaktion endet und die Benutzung von Technik beginnt. Wer auf sein Fahrrad steigt oder mit dem Mofa durch die Welt düst, bemerkt bei jedem faktischen wie auch bei jedem Beinahe-Unfall die Differenz von Gerät und eigener Bewegung. Die benutzte Apparatur wird damit bewusstseinspflichtig. Im Cyberspace gibt es Vergleichbares nicht.

Individuell, wie auch gesellschaftlich, scheint diese Differenzbildung aus dem Bewusstsein verdrängt zu werden. Begeistert von der Dynamik scheint derzeit gesellschaftliche Modernisierung vorrangig in der Fortentwicklung der elektronischen Welten zu bestehen. Die Richtschnur ihrer Entwicklung sind nicht Bedürfnisse, die damit besser befriedigt werden, sondern allein die Marktgängigkeit, für deren Herstellung eine bildreiche multimediale Werbung Sorge trägt. Die damit ausgelösten sozialen Effekte scheinen, mit Ausnahme der wirtschaftlichen Wachstumspotentiale, vernachlässigenswert und die Risiken der soziale Ausgrenzung werden in ein technisches Programm, mehr und billigere Geräte herzustellen, übersetzt. Damit werden soziale Folgen zügiger Modernisierung durch neue Netze wenig bedacht, sie werden ausgeblendet, denn es wird darauf gesetzt, der nächste Technisierungsschub würde die Sache schon regeln. Statt über Konsequenzen nachzudenken werden Voraussetzungen für moderne Technik geschaffen.[19] Die Nicht-Sensibilität für soziale Folgen der modernen Informationstechnologien scheint programmatisch, was nachdenklich stimmen muss, da noch jeder Unfall und Atommüllskandal unabweisbar deutlich macht: Technik kann nicht technisch, sondern wenn, dann kulturell, sozial und politisch kontrolliert werden (Perrow 1992). So wie weggeworfene High-Tech-Geräte von gestern (ausrangierte Modems und PC-Karten, Faxgeräte, Drucker, Telefone, Anrufbeantworter, Handys und Pager) die Umwelt vermüllen, lässt zunehmender Datenmüll selbst die beständig wachsenden Kapazitäten immer begrenzt erscheinen; viel Überschüssiges, auch Fehlerhaftes hängt in den Netzen herum, wird ,down geloadet', gespeichert, möglicherweise auch benutzt. Was aber ist von einem Informationsangebot zu halten, dass zu x % redundant, zu y % fehlerhaft, zu z % überholt ist, wie ist damit umzugehen? Mehr als die Hälfte aller empfangenen E-Mails in Europa sind mittlerweile so genannte Spam-Mails.[20] Die Abgrenzung von nützlichen und nutzlosen Daten wird immer zeitaufwändiger. Stanislaw Lem sagte bereits 1996: „Die Menschheit hat bis

---

19 Maßnahmen wie ,Schulen ans Netz' sind Programme für eine computergerechte Moderne. CD-ROM als Lern- und Nachschlagewerke, Internet als Informationsbasis, leistungsfähige Rechner im Bildungswesen, um in den Schulen auch immer die neuesten Formen multimedialer Kommunikation und Recherche technisch umsetzen zu können, sind nützlich, können aber nicht zugleich als Lösung sozialer Risiken gelten?

20 Diese Werbeflut verursacht einen Produktivitätsverlust von 2,5 Mrd. Euro (FAZ, 28.1.4, S. 16).

jetzt 10^{15} Bits an Information gespeichert. Bis zum Jahr 2000 wird sich die Menge etwa verdoppeln. Dabei gilt für die Info-Sintflut Folgendes: Etwa drei Fünftel sind Unsinn und ‚vermischter Unsinn‘, den ich ‚Trübkunde‘ nenne; ein Fünftel ist zwar sinnvoll, aber vergängliche Info, und kaum ein Fünftel besteht aus ernsten Denkfrüchten. Dieses vorhandene Gemisch wird das Internet noch verwässern, Wichtiges weiter mit Unwichtigem vermischen" (Lem 1996, S. 109). Dies sind keine Fragen, die technisch zu bewältigen sind. Nach welchen Kriterien kann da verfahren werden, wo kommt das Wissen zur Sortierung her?

6. Netzkompetenz – informelle Kontextualisierung ist nur bedingt planbar

Wie schon ausgeführt, wirkt Mediennutzung differenzierend. Ebenso wurde bereits darauf hingewiesen, dass die spezifische Nutzung von Medien durch verschiedene gesellschaftliche Gruppen beachtet werden muss. Durch Computerprogramme multipliziert sich Verfügbarkeit über Medieninhalte und per Netzzugang kommt ein exponentieller Faktor dazu. Die Existenz von Angeboten, auch von solchen, die Wissen vermitteln, genügt nicht, es kommt auf die Kontextualisierung und die individuellen Interessen an.

Hier bietet sich ein Ansatzpunkt für die (Medien-)Pädagogik, es geht um die Vermittlung von Medienkompetenz. Sie kann die Ausbildung eigener Interessen bei den Schülern fördern, so dass diese in die Lage versetzt werden, eigenständig mediale Wissensangebote bewusst wahrzunehmen und gezielt zu nutzen.

Hinzu kommt die *Dynamik* in der Fortentwicklung im Computerbereich. Sie ist beachtlich hoch und es ist kaum zu erwarten, dass bei einer künftigen Berufsausübung jene Software relevant sein wird, die in der Schule gelernt wurde. Computernutzung ist *routiniertes Tun*, d.h. sie basiert auf einem sehr spezifischen Umgangswissen. Mit der *Optionalität* und den wachsenden Freiheitsgraden, die die Apparaturen eröffnen, steigen die Anforderungen an die Beurteilung von Gerät und Programmen. Dynamik und Vielfalt sind mit ein Grund dafür, dass künftig notwendige Fähigkeiten und Fertigkeiten nur schwer antizipierbar und in noch viel geringerem Maße planbar sind, um im Kanon des geordneten Schulwesens vermittelt zu werden.

Unklar bleibt bisher, wie sich das Verhältnis von schulischer zu außerschulischer (informeller) Wissensvermittlung entwickeln wird.[21] Am Deutschen Jugendinstitut (DJI) wurde ein Projekt zu außerschulischen Lernwelten veröffentlicht. Dabei wird eine gewachsene Bedeutung der außerschulischen Lernorte (Medien, Sport, Musik, Nebenjob) befundet (Wahler/Tully/Preiß 2004). Welche Vorlieben Kinder haben und entwickeln ist bislang kaum erforscht. Am DJI in München sind dazu einschlägige Arbeiten abgeschlossen worden (Feil 2001; Decker/Feil 2003; Feil/Decker/Gieger 2004).

Alles deutet darauf hin, dass die technischen Möglichkeiten von Netz und Multimedia den Rahmen für künftige Wissensvermittlung liefern. Technische Möglichkeiten und die Präferenz von Lernenden werden dabei unter der Hand rasch gleichgesetzt, ob ‚Edutainment' beispielsweise wirklich effektiv ist, ist keineswegs entschieden. Die Folgen für die Wissensvermittlung und Wissensaneignung sowie für die persönliche Interaktion bedürfen einer systematischen Analyse, den Fragen nach den sozialen Folgen technischer Entfaltung sowie den Fragen der Qualitätskontrolle unterschiedlicher Lehrmethoden wird hohe Bedeutung zukommen.

Daneben bekommt die spielerische Aneignung, als dem Idealmodell pädagogischer Unterweisung, mit der multimedialen Technologie eine neue Grundlage. Wissen und Wissensangebote können Teil der Unterhaltung sein, sie werden auf diese Weise transportabler; umgekehrt kann Unterhaltung mit Wissenselementen angereichert werden, um auf diese Weise auch Wissen in anderen Zusammenhängen zu offerieren. Auch dies stellt eine Form des informellen, insistentiellen Lernens (Paín 1992) dar. Bei der Benutzung der neuen Technologien wird die Beurteilung der jeweiligen Datenbasis (Wissen über die Datenbasis) wichtig. Beim Umgang mit neuer Technik ändert Lernen seinen Stellenwert. Die Dynamik in der Welt der Netze und globalen

---

21 Im Rahmen unserer Untersuchung zum Lernen für und mit dem Computer hatten wir festgestellt, dass sich, wenn es um Computerkompetenzen geht, „Basiswissen" und das „Wissen um soziale Bedingungen und Konsequenzen" recht gut auch im schulischen Kontext vermitteln lassen, während „Wissen und Programmfunktionen" sowie „Wissen, das zur Kombination von Softwareangeboten" nötig ist (vgl. Tully 1996, 36ff.), notwendig aus den geordneten Welten systematischer Untersuchung hinausweist. Mit der Fortentwicklung der Computertechnik nimmt das Funktionswissen eine schwindende, das Wissen um Kombinatorik und soziale Einbettung eine wachsende Bedeutung ein, mithin bekommen informelle Lernformen ein größeres Gewicht.

Datenhighways macht andere Basisqualifikationen zur Voraussetzung, z.B. sind Routinen im Umgang mit den Suchmaschinen verlangt, auch darüber, in welchen Beständen sie „suchen" und weshalb sie bestimmte Dinge auch nicht finden können. Neuere Untersuchungen besagen, dass ohnehin nur 40% der Inhalte durch die Suchmaschinen entdeckt würden. Gelernt werden muss, nach welchen Kriterien die Vielfalt der Informationen, die uns über das Internet erreichen, sortiert sind. Die Dynamik und der immer mitschwimmende Informationsüberschuss reduzieren die Qualität der dargebotenen Information drastisch. Der Zusammenhang zwischen dynamischem und massenhaftem Datenhandling und Wissen wird damit auf eine fragile Basis gestellt. Wie lässt sich eine Strukturierung von Information herstellen? Absehbar wird die Trennung von Information und Wissen zum künftigen Hauptproblem des Wissenmanagements. Wenn Entstrukturierung und Informalisierung den Subjekten immer größere Kompetenz abfordern, ist es mit einem zügigen Wachstum der Netze und deren Verknüpfung nicht getan.

Zusammenfassend ist deshalb hervorzuheben, dass Information nicht mit Wissen gleichgesetzt werden darf und dass das ‚Surfen' in Informations-Meeren gesellschaftliche Orientierung ebenso wenig substituieren kann wie das konkrete gesellschaftsbezogene Handeln selbst. Dies wissen wir im Übrigen schon von Bertholt Brecht, der in seiner Radiotheorie von den ‚neuen Antennen' spricht, die möglicherweise lediglich ‚alte Torheiten' transportieren. Also aufgepasst!

7. Literatur

ACTA (2003): Allensbacher Computer und Technikanalyse. Institut für Demoskopie. Allensbach.

Albrow, M. (1997): Auf Reisen jenseits der Heimat. Soziale Landschaften in einer globalen Stadt. In: Beck, U. (Hrsg.): Kinder der Freiheit. Suhrkamp. Frankfurt am Main. S. 282-314.

Bateson, G. (1964/1971): Die logischen Kategorien von Lernen und Kommunikation. In: ders. Ökologie des Geistes. 4. Aufl. 1983. Suhrkamp. Frankfurt am Main.

Beck, U. (1993): Die Erfindung des Politischen. Zu einer Theorie reflexiver Modernisierung. Suhrkamp. Frankfurt am Main.

Beck, U. (Hrsg.) (1997): Kinder der Freiheit. Suhrkamp. Frankfurt am Main.

BITKOM (Bundesverband Informationswirtschaft, Telekommunikation und neue Medien e.V. (2004): Daten zur Informationsgesellschaft. Online Dokument [URL]: http://www.bitkom.org (14.2.2004).

Bonfadelli, H. (1980): Neue Fragestellung in der Wirkungsforschung: Zur Hypothese der wachsenden Wissenskluft. In: Rundfunk und Fernsehen, 28, S. 173-193.

Bonß, W./Kesselring, S. (1999): Mobilität und Moderne. Zur gesellschaftstheoretischen Verortung des Mobilitätsbegriffs. In: Tully, C. J. (Hrsg.): Erziehung zur Mobilität. Campus. Frankfurt am Main/New York.

Breuer, S. (1995): Die Gesellschaft des Verschwindens. Von der Selbstzerstörung der technischen Zivilisation. Rotbuch Verlag. Hamburg.

Collmer, S. (1997): Frauen und Männer am Computer. Aspekte geschlechtsspezifischer Technikaneignung. Deutscher Universitäts-Verlag. Wiesbaden.

Dahrendorf, R. (1983): Krise als Chance. Deutscher Taschenbuch Verlag. München.

Decker, R./Feil, C. (2003): Grenzen der Internetnutzung bei Kindern. Einige Aspekte aus den Beobachtungen des Projektes „Wie entdecken Kinder das Internet?" In: merz wissenschaft 5, S. 14-27.

Dippelhofer-Stiem, B./Odebrett, E. (1994): Computertechnik im Büro. Sichtweisen, Kompetenzen und Weiterbildungserwartungen von Frauen im Schreibdienst. Kleine-Verlag. Hannover.

Dollhausen, K./Hörning, K. H. (1996): Die kulturelle Produktion der Technik. In: Zeitschrift für Soziologie 25. S. 37-57.

Elias, N. (1989): Studien über die Deutschen. Hrsg.: M. Schröter. Suhrkamp. Frankfurt am Main.

Esposito, E. (1993): Der Computer als Medium und Maschine. In: Zeitschrift für Soziologie 22. S. 338-354.

Feil, C. (Hrsg.) (2001): Internet für Kinder. Hilfen für Eltern, Erzieher und Lehrer. Leske + Budrich, Opladen

Feil, C./Decker, R./Gieger, C. (2004): Wie entdecken Kinder das Internet? Beobachtungen bei 5- bis 12-jährigen Kindern. Wiesbaden: Verlag Sozialwissenschaften (in Druck).

Ferchhoff, W. (1997): Jugendkulturelle Selbstinszenierung. Lebensentwürfe und normative Orientierung Jugendlicher im Widerspruch zu ökologischen Leitbildern. In: Ökologische Bildung im Spagat zwischen Leitbildern und Lebensstilen. Evangelische Akademie. Loccum. S. 30-74.

Gates, B. (1997): Der Weg nach vorn. Die Zukunft der Informationsgesellschaft. Heyne Verlag. München.

Gehlen, A. (1972): Die Seele im technischen Zeitalter. Sozialpsychologische Probleme in der industriellen Gesellschaft. Rowohlt. Hamburg.

Giddens, A. (1995): Konsequenzen der Moderne. Suhrkamp. Frankfurt am Main.

Gross, P. (1994): Die Multioptionsgesellschaft. Suhrkamp. Frankfurt am Main.

Gukenbiehl, H. L. (1992): Institution und Organisation. In: Korte, H./Schäfers, B.: Einführung in die Hauptbegriffe der Soziologie. Leske+Budrich. Opladen. S. 95-110.

Halfmann, J. (1996): Die gesellschaftliche ‚Natur' der Technik. Eine Einführung in die soziologische Theorie der Technik. Opladen.

Halfmann, J./Bechmann, G./Rammert, W. (1995) (Hrsg.): Technik und Gesellschaft, Jahrbuch 8, Theoriebausteine der Techniksoziologie, Frankfurt am Main.

Heppner, G. u.a. (1990): Computer? „Interessieren tät's mich schon, aber..." Wie sich Mädchen in der Schule mit Neuen Technologien auseinandersetzten. Hannover.

Höflich, J. R. (2003): Vermittlungskulturen im Wandel. Brief – E-Mail – SMS. Lang. Frankfurt am Main.

Hörning, K. H. (1989): Vom Umgang mit den Dingen. Eine techniksoziologische Zuspitzung. In: Weingart, P. (Hrsg.): Technik als sozialer Prozess. Frankfurt. S. 90-127.

IfEP (Institut für empirische Psychologie) (Hrsg.) (1992): Die selbstbewußte Jugend. Orientierungen und Perspektiven 2 Jahre nach der Wiedervereinigung. Die IBM-Jugendstudie '92. Bund-Verlag. Köln.

IfEP (Institut für empirische Psychologie) (Hrsg.) (1995): Wir sind o.k.! Stimmungen, Einstellungen, Orientierungen der Jugend in den 90er Jahren. Die IBM-Jugendstudie. Bund-Verlag. Köln.

JIM (2001): Jugend, Information, (Multi-)Media. Medienpädagogische Forschungsverbund Südwest. Baden-Baden. Eigenverlag

JIM (2002): Jugend, Information, (Multi-)Media. Medienpädagogische Forschungsverbund Südwest. Baden-Baden. Eigenverlag

Jugendwerk der Deutschen Shell (1997): Jugend '97. Zukunftsperspektiven, gesellschaftliches Engagement, politische Orientierungen (12. Shell Jugendstudie). Leske+Budrich. Opladen.

Jugendwerk der Deutschen Shell (2002): Jugend 2002. (14. Shell Jugendstudie). Fischer. Frankfurt.

Lem, S. (1996): Zu Tode informiert. Risiken und Nebenwirkungen der globalen Vernetzung. In: Der Spiegel vom 11.3.1996. S. 108-109.

Lewis, D. (2003): Wir ersticken im Info-Smog. Interview in: Der Spiegel (Online-Ausgabe), 46/2003.

Loo, van der H./Reijen, van W. (1992): Modernisierung. Projekt und Paradox. Deutscher Taschenbuch Verlag. München.

Luhmann, N. (1970): Institutionalisierungs-Funktion und Mechanismus in sozialen Systemen der Gesellschaft. In: Schelsky, H. (Hrsg.): Zur Theorie der Institution. Bund-Verlag. Düsseldorf. S. 27-42.

Luhmann, N. (1972): Funktionen und Folgen formaler Organisation. 4. Auflage 1995. Duncker&Humblot. Berlin.

Luhmann, N. (1975): Soziologische Aufklärung. Band 2. Aufsätze zur Theorie der Gesellschaft. Opladen.

Luhmann, N. (1984): Soziale Systeme. Grundriss einer allgemeinen Theorie. Frankfurt am Main.

Luhmann, N. (1996): Die Realität der Massenmedien. 2. Auflage. Opladen.

Mannheim K. (1928): Das Problem der Generationen. In: Mannheim, K.: Wissenssoziologie. Auswahl aus dem Werk. Eingeleitet und herausgegeben von K. H. Wolff. Luchterhand. Berlin/Neuwied, S. 509-565.

Marotzki, W. (1997): Digitalisierte Biographien? Sozialisations- und bildungstheoretische Perspektiven virtueller Welten. In: Lenzen, D./Luhmann, N.(Hrsg.): Bildung und Weiterbildung im Erziehungssystem. Suhrkamp. Frankfurt am Main

Marx, K. (1962): Das Elend der Philosophie. Dietz-Verlag. Berlin.

Metz-Göckl, S. u.a. (1991): Mädchen, Jungen und Computer. Leske+Budrich. Opladen.

Mitchell, W. J. (1996): City of Bits. Birkhäuser. Basel 1996.

Mitchell, W. J. (1997): Die neue Ökonmomie der Präsenz. In: Münker, S./Roesler, A. (Hrsg.): Mythos Internet. Suhrkamp. Frankfurt am Main.

Moser, H. (1997): Neue mediale ‚virtuelle' Realitäten. Ein pädagogisches Manifest. In: Medien praktisch, 3, S. 10-15.

Negroponte, N. (1997): Total Digital. Die Welt zwischen 0 und 1 oder Die Zukunft der Kommunikation. Goldmann. München.

Noelle-Neumann, E./Köcher, R. (Hrsg.) (1998): Allensbacher Jahrbuch der Demoskopie 1943-1997. Demoskopische Entdeckungen. Bd. 10. Saur. München.

Noelle-Neumann, E./Köcher, R. (Hrsg.) (2002): Allensbacher Jahrbuch der Demoskopie 1998-2002. Demoskopische Entdeckungen Bd. 11. Saur. München
Opaschovski, H. W. (1999): Generation@. Die Mediengeneration entläßt ihre Kin-
der: Leben im Informationszeitalter. British American Tobacco, Hamburg.
Paín, A. (1992): Educación Informal. El potencial educativo de las situaciones coti-
dianas. Ediciones Nueva Visión. Buenos Aires.
Perrow, C. (1992): Normale Katastrophen. Die unvermeidbaren Risiken der Groß-
technik. 2. Aufl. Campus. Frankfurt am Main/New York.
Rammert, W. (1989): Techniksoziologie. In: Endruweit, G./Trommsdorff, G.
(Hrsg.): Wörterbuch der Soziologie. Stuttgart. S. 724-735.
Rammert, W. (1991): Vom Umgang mit Computern im Alltag: Fallstudien zur Kul-
tivierung einer neuen Technik. Opladen.
Rammert, W. (1993): Technik aus soziologischer Perspektive. Forschungsstand –
Theorieansätze – Fallbeispiele. Ein Überblick. Opladen.
Rammler, S. (2001): Mobilität in der Moderne. Edition Sigma. Berlin.
Reg TP (Regulierungsbehörde für Telekommunikation und Post) (2004): Jahresbe-
richt 2003, Online Dokument [URL]: http://www.regtp.de/schriften/start/fs_
08.html (12.2.2004).
Ritter, M. (1994): Computer oder Stöckelschuh. Eine empirische Untersuchung über
Mädchen am Computer. Campus. Frankfurt am Main/New York.
Sackmann, R./Weymann, A. (1994): Die Technisierung des Alltags. Generationen
und technische Innovationen. Campus. Frankfurt am Main/New York.
Sennet, R. (1998): Der flexible Mensch. Die Kultur des neuen Kapitalismus. Berlin
Verlag. Berlin.
Stehr, N. (1994): Arbeit, Eigentum und Wissen. Zur Theorie von Wissensgesell-
schaften. Suhrkamp. Frankfurt am Main.
Steinmüller, W. (1993): Informationstechnologie und Gesellschaft. Einführung in die
Angewandte Informatik. Wissenschaftliche Buchgesellschaft. Darmstadt.
Tully, C. J. (1994): Lernen in der Informationsgesellschaft. Informelle Bildung durch
Computer und Medien. Westdeutscher Verlag. Wiesbaden.
Tully, C. J. (1996): Informal education by computer – Ways to Computer Knowl-
edge. In: Comuters & Education 1, S .31- 43.
Tully, C. J. (1998): Rot, cool und was unter der Haube. Olzog Verlag. München.
Tully, C. J. (2002): Youth in motion: Communicative and mobile. A commentary
from the perspective of youth sociology. In: Young, Nordic Journal of Youth Rese-
arch. 2, S. 19-43.
Tully, C. J. (2003a): Mensch-Maschine-Megabyte. Technik in der Alltagskultur, Leske + Budrich. Opladen.
Tully, C. J. (2003b): Alltagslernen in technisierten Welten: Kompetenzerwerb durch
Computer, Internet und Handy. Ms erscheint in: Wahler, P./Tully, C. J./Preiß, C.
(2004): Jugendliche in neuen Lernwelten – selbstgesteuerte Bildung jenseits von
institutionalisierter Qualifizierung. VS Verlag. Wiesbaden, S. 135-165.
Tully, C. J. (2003c): Der Nebenjob – Alltagslernen jenseits der Schule. Ms erscheint
in: Wahler, P./Tully, C. J./Preiß, C. (2004): Jugendliche in neuen Lernwelten –
selbstgesteuerte Bildung jenseits von institutionalisierter Qualifizierung. VS Verlag.
Wiesbaden, S. 63-98.
Tully, C. J./Schulz, U. (1999): Sozialisation von Jugendlichen zur Mobilität – Unter-
wegssein als Baustein jugendkulturellen Alltags. In: Tully, C.J. (Hrsg.): Erziehung
zur Mobilität. Campus. Frankfurt am Main/New York.

Turkle, S. (1995): Life on the screen. Verlag Simon & Schuster. New York.

Urry, J. (2000): Sociology Beyond Societies. Mobilities for the twenty-first century. Routledge. London.

Wahler, P./Tully, C. J. (1991): Young peoples attitudes to technology. In: European Journal of Education. 3, S. 261-272.

Wahler, P./Tully, C. J./Preiß, C. (2004): Jugendliche in neuen Lernwelten – selbstgesteuerte Bildung jenseits von institutionalisierter Qualifizierung. VS Verlag. Wiesbaden.

Waibel, A. M. (1992): Computerfrauen zwischen Hackerkultur und Technologiekritik. Ergebnisse einer computerunterstützten Befragung von Frauen in qualifizierten Berufen der Informations- und Kommunikationstechnologie. Universitätsverlag. Konstanz.

Wajcman, J. (1994): Technik und Geschlecht. Die feministische Technikdebatte. Campus. Frankfurt am Main/New York.

Willand, I. (2002): Chatroom statt Marktplatz. Identität und Kommunikation zwischen Öffentlichkeit und Privatheit. Kopäd-Verlag. München.

Wouters, C. (1979): Informalisierung und der Prozeß der Zivilisation. In: Gleichman, P u.a. (Hrsg.): Materialien zu Norbert Elias' Zivilisationstheorie. Suhrkamp. Frankfurt am Main. S. 279-298.

Wouters, C. (1986): Informalisierung und Formalisierung der Geschlechterbeziehungen in den Niederlanden. In: Kölner Zeitschrift für Soziologie und Sozialpsychologie. 38, S. 510-528.

Waldemar Vogelgesang

LAN-Partys: Zwischen jugendkultureller Selbstbestimmung und informellem Lernen

Die Ursprünge des LAN-Booms (LAN = Local Area Networks), wie er sich heute als fester Bestandteil der Jugendkulturen zeigt, liegen fraglos im privaten Bereich. Es waren jugendliche Computer- und Spielefreaks, die – ganz entgegen dem immer wieder popularisierten

Stereotyp vom computersüchtigen Einzelgänger – zu Hause oder bei Freunden Versuche starteten, Computer miteinander zu verbinden, um im Multi-Player-Modus verfügbare Spiele auf diese Weise ins Laufen zu bringen.

Während viele sich vorher um die damit verbundenen technischen Fragen nicht sonderlich gekümmert haben, sind sie nun gezwungen, sich auch damit intensiv auseinander zu setzen. „Learning by doing" heißt die Devise in der ersten Lernstufe, wobei an die Stelle des Versuch-Irrtum-Lernens ein größeres Wissen über die unterschiedlichen Vernetzungsformen, aber auch über andere Neuerungen im Hard- und Softwarebereich tritt. Ihre Gruppe wird für die Jugendlichen zu einer Art Wissensdrehscheibe und Sozialisationsagentur in Computer- und Netzfragen, wobei Strategien des Selbermachens und der ständigen Marktbeobachtung eine wichtige Rolle spielen.

Hinzu kommt, dass gerade die größeren LAN-Partys und LAN-Events regelrecht zu Showbühnen der Spezialisierungs- und Kompetenzinszenierung werden. Ob es sich dabei um die – vielfach aus Jugendlichen bestehenden – Organisationsteams (Orgas) handelt oder um die als Gruppen oder Clans auftretenden Spieler: Was sie auszeichnet und verbindet, ist eine auf Kreativität, Können und Unverwechselbarkeit ausgerichtete Selbstdarstellung. Sichtbar wird dies zum einen durch die technische Aufrüstung des Computers (Overclocking) und zum anderen durch seine ästhetische Umgestaltung (Case-

Modelling). Besonders findige und handwerklich begabte Spieler gehen dabei sogar so weit, dass sie die Systemkomponenten in leere Bierkisten, Koffer oder Vitrinen einbauen und den Computer auf diese Weise zum absoluten Unikat und individuell gestalteten Gesamtkunstwerk stilisieren.

1. Jugendliches Medienhandeln oder: Medienkompetenz von unten

Jugendzeit ist heute Medienzeit und Jugendszenen sind vermehrt Medienszenen. Von den Fangemeinschaften der ‚Lindenstraße' bis zu den Grufties, von Black Metal-Fans bis zu den Cyberpunks, von HipHoppern bis zu den Online-Rollenspielern spannt sich heute der Bogen von medienzentrierten Stilformen und Jugendformationen, die sich oft schneller verwandeln, als der forschende Blick zu folgen vermag.[1]

Auch die – vielfach gar nicht mehr so neuen – neuen Medien erobern unaufhaltsam den Lebensraum der Jugendlichen, wobei vor allem die rasante Verbreitung von E-Mail-, Handy- und SMS-Kommunikation einen Typus von telesozialem Verhalten erzeugt, der ihnen bereits ein weiteres Etikett eingebracht hat: „Generation @" (Opaschowski 1999). Ihr Wahrzeichen u.a.: Eine Daumengelenkigkeit, die sogar manche Orthopäden verblüfft.

Hinter der motorischen Geschicklichkeit verbirgt sich aber eine sehr viel weiter reichende Qualität jugendlicher Medienkompetenz. Denn Medien sind für Jugendliche ständige Alltagsbegleiter und sie flanieren regelrecht in den Kolonnaden des medialen Supermarktes

---

1   Zum jugendkulturellen Stilmarkt und seiner Transität vgl. Farin (2001); Hitzler u.a. (2001); Müller-Bachmann (2002); Stauber (2004). Auch wenn der ethnographisch arbeitende Jugendforscher angesichts der unzähligen Varianten von Cliquen und Jugendkulturen bisweilen in die Rolle des ‚gehetzten Feldhasen' gerät – Analogien zu einem Märchen von Ludwig Bechstein sind (nicht) zufällig –, so gilt jenseits aller inter- und intraszenischen Differenzierungen, dass die einzelnen jugendlichen Stiltypen über eine starke identitätsstiftende Kraft verfügen. Sie sind keineswegs nur „Konfektionsware", wie Odo Marquard (zit. n. Bolz 1995, S. 89) meint, sondern ihr distinktives und kreatives Potenzial ist den jugendlichen Gruppen- und Szenenmitgliedern nach wie vor bewusst und verfügbar. Die Fülle, Vielfalt und Temporalität der Stilsprachen darf nicht gleichgesetzt werden mit einem Substanzverlust von Stilen, vielmehr reagieren die Jugendlichen auf den allseits tobenden Stil- und Distinktionskampf mit einer Betonung der ‚kleinen Unterschiede'.

und bedienen sich hier, je nach Situation und Stimmungslage, sehr gezielt und gekonnt. Dabei zeigt sich, dass alte und neue Medien gleichermaßen einer faszinierenden Dialektik von Gemeinschaftsbildung und Individualisierung unterliegen. Zudem erweitert sich durch die Ausdehnung der Medien die Zahl der wählbaren Kommunikationsformen, Selbstdarstellungsmuster und Gruppenzugehörigkeiten.

Wie wir in unseren Jugend- und Medienstudien zeigen konnten, handelt es sich dabei zunehmend um Formen medialer Selbstsozialisation, wobei vor allem jugendliche Medienszenen regelrecht als Kompetenzmärkte fungieren.[2] Besonders die medien- und szenenerfahrenen Jugendlichen bilden eine erstaunliche Produktivität und Kreativität im Umgang mit den Medien und ihren Inhalten aus. Ihre Partizipation am kollektiv geteilten Wissensspektrum und Bedeutungskosmos vertieft und festigt dabei eine Form von Medienkompe-

---

2 Auf die wachsende Bedeutung informeller und selbstgesteuerter Medienaneignung verweisen auch die instruktiven Studien von Claus J. Tully *Lernen in der Informationsgesellschaft* (1994), Dagmar Hoffmann u.a. *Individualisierung und mediale Sozialisation* (1999) und Franz Josef Röll *Pädagogik der Navigation. Selbstgesteuertes Lernen durch Neue Medien* (2003). Dass die Fähigkeit zum selbstregulierten Lernen als wesentliche Voraussetzung für das Agieren in der Wissensgesellschaft angesehen wird, ist nicht zuletzt in der PISA-Studie 2000 herausgestellt worden: „Lernende, die ihr eigenes Lernen regulieren, sind in der Lage, sich selbständig Lernziele zu setzen, dem Inhalt und Ziel angemessene Techniken und Strategien auszuwählen und sie auch einzusetzen. Ferner halten sie ihre Motivation aufrecht, bewerten die Zielereichung während und nach Abschluss des Lernprozesses und korrigieren – wenn notwendig – die Lernstrategie. Die Selbstregulation des Lernens beruht demnach auf einem flexibel einsetzbaren Repertoire von Strategien zur Wissensaufnahme und Wissensverarbeitung sowie zur Überwachung der am Lernen beteiligten Prozesse. Ergänzt werden diese Formen der Informationsverarbeitung durch motivationale Prozesse wie beispielsweise Techniken der Selbstmotivierung und der realistischen Zielsetzung. (...) Im Unterschied zu fachbezogenen, kognitiven Lernkompetenzen beruht selbstreguliertes Lernen auf einer Handlungskompetenz, bei der die insgesamt notwendigen und/oder verfügbaren kognitiven, motivationalen und sozialen Voraussetzungen für ein erfolgreiches Handeln und Leisten zusammenwirken" (Artelt u.a. 2000, S. 271). Aufschlussreich in diesem Zusammenhang ist auch die in der Sozialpädagogik geführte Diskussion, den Begriff der Aneignung als subjekt- und praxisorientierte Form von Bildung zu reformulieren und als eigenständiges Lernfeld neben der Schule zu etablieren. Ulrich Deinet und Christian Reutlinger (2003) haben dazu in dem thematisch breit gefächerten Sammelband *'Aneignung' als Bildungskonzept der Sozialpädagogik* Beiträge zusammengestellt, die das Aneignungskonzept u.a. im Kontext von Peergruppen-Geselligkeit, öffentlicher Raumnutzung oder als Arbeitsprinzip offener Milieubildung und Strategie des Kompetenzerwerbs zur Gestaltung von Berufsbiographie diskutieren.

tenz und einen Spezialisierungsgrad, der weit über das mediale All-
tagswissen hinausreicht. Mit Pierre Bourdieu (1983, S. 143f.) könnte
man hier auch von einer jugendeigenen Form von inkorporiertem
medienkulturellen Kapital sprechen, das vor allem in folgenden An-
eignungs- und Gebrauchsmustern zum Ausdruck kommt:

– Der mediale Habitus ist szenengebunden. Als konstitutives Wis-
  sens- und Inszenierungselement bezieht er sich auf bestimmte Medien resp. Inhalte und Formate. So reicht das Kenntnisspektrum
  etwa bei den gestandenen jugendlichen Fans von Horrorfilmen von
  der Genese spezieller Subgenres über die literarischen Vorlagen und
  historischen Vorläufer der einschlägigen Filme bis zum detaillierten
  Wissen über die Herstellung von Spezialeffekten und die intertex-
  tuellen Bezüge (*Genrekompetenz*).
– Die szenenspezifische partikularistische Medienkompetenz geht
  einher mit einer wachsenden Aufgeschlossenheit gegenüber neuen
  technischen und narrativen Medienentwicklungen. Hardware-Skills
  und Software-Innovationen werden gleichermaßen als selbstverständlich angesehen. So gibt es etwa eine szenenübergreifende Faszination für neue filmische Tricktechniken und Computeranima-
  tionen, wie sie beispielsweise als mimetische Polylegierung in der
  Mensch-Maschine T1000 in dem Film ‚Terminator 2‘ vorgeführt
  werden (*mediale Koppelungen*).
– Wie in allen Jugendkulturen gibt es auch in ihren medialen Deri-
  vaten intraszenische Differenzierungen und gestufte Formen des
  Wissens und Involvements, die vom Novizen über den Touristen
  und Buff bis zum Freak reichen. Den unterschiedlichen Karriereab-
  schnitten korrespondieren dabei differentielle Lerntypen und -
  erfahrungen, wobei die anfänglich unsystematischen Versuchs-
  Irrtums-Strategien nach und nach von gerichteten und bewussten
  Formen des Lernen abgelöst werden (*selbstinitiierte Medien- und
  Lernkarriere*).
– In den Kontext der Optimierung von Lernstrategien und Medien-
  wissen gehört auch der spielerische Umgang mit der Differenz zwischen Medialität und Realität. Jugendliche zeigen sich als kompetente Pendler und Grenzgänger zwischen primären (physischen)
  und sekundären (medialen, virtuellen) Räumen. Ob ‚Star-Trek‘-
  Fans oder die Anhänger der Black Metal-Szene, ob Computerhak-
  ker oder Cyberpunks, was sie jenseits aller stilistischen Besonderheiten eint, ist der spielerische Umgang mit dem Unterschied zwi-

schen Phantasie- und Alltagswelt. Die entsprechende Differen-
zwahrnehmung ist nachgerade konstitutiv für ihren Medienhabitus
und wird auch sehr gezielt eingesetzt, um Inszenierungsstrategien
und Ich-Entwürfe auszutesten (*performative Off- und Online-
Wechsel*).

Die Eigenwilligkeit und Kreativität im Umgang mit Medien sowie die
Bedeutung informeller Lernprozesse und individueller Selbstqualifi-
zierung lassen sich fast prototypisch an den jugendlichen ‚Netzspie-
lern' demonstrieren. Gemeint ist damit eine Fraktion von Computerspielern im Alter von etwa 14 bis fast 30 Jahren, die in Multiplayer-
Spielen ihrer virtuellen Spielleidenschaft nachgehen. Von zwei bis
über tausend Spielern kann dabei die Gruppengröße reichen. Allerdings lassen sich – in Abhängigkeit von der Gruppenstärke – verschiedene Gesellungstypen unterscheiden, die den so genannten LANs als
neuen Formen gemeinschaftlichen Spielens ihr besonderes Gepräge
geben. Am Beispiel unterschiedlicher Spielesettings – den Privat-
LANs, den LAN-Partys und den LAN-Events – sollen vor allem
Aspekte medialer und organisatorischer Handlungskompetenz sowie
Formen und Strategien distinktiver Selbstdarstellung und informellen
Lernens näher verdeutlicht werden.[3] Als Datenbasis dienen neben
zahlreichen narrativen Interviews mit Spielern und Organisatoren vor
allem auch teilnehmende Beobachtungen von szenerelevanten Veranstaltungen.

2. Local Area Networks: Orte jugendlicher Expressivität und medialer Selbstsozialisation

2.1 LAN-Partys – ein Stimmungsbericht (von Stefan Maßmann)

Zur Einstimmung und ethnographischen Annäherung an die LAN-
Szene und hier einem bisher kaum untersuchten jugendkulturellen
Handlungsfeld, den LAN-Partys, möchte ich einige Passagen aus einem Bericht zitieren, den Stefan Maßmann, Mitglied unserer Forschungsgruppe ‚Jugend- und Medienkultur'[4] und im Hauptberuf Lei-

---

3   Vgl. dazu auch den Beitrag von Claus J. Tully in diesem Band, weiter auch Tully
    2002
4   Die Arbeitsgruppe *Jugend- und Medienkultur* ist ein interdisziplinär zusammenge-
    setztes Forschungsteam, das sich seit Anfang der 90er Jahre mit Jugend-, Medien-

ter einer Jugendeinrichtung in Waldshut-Tiengen, verfasst hat. Er
schreibt:

„Sie möchten Unterstützung für eine LAN-Party haben – mit dieser
Bitte kamen im März 2001 drei Gymnasiasten im Alter von 16 und
17 Jahren auf uns zu. LAN stehe für ein Netzwerk von Computern, so
erläuterten sie uns enthusiastisch, das man dazu nutzen möchte, miteinander und gegeneinander verschiedene Computerspiele zu spielen.
Ich hatte bereits von derartigen Veranstaltungen gehört, aber in meinem Kopf schwirrte ein Bild von Spielhallenatmosphäre umher, und
so konnte ich mir nicht recht vorstellen, worin der Partycharakter einer Veranstaltung liegen könnte, auf der Computerkids in einer vollständig virtuellen Welt irgendwelche Kämpfe austragen. Mit diesem
unzureichenden Wissen stand ich nicht allein da, sondern auch meinen Kolleginnen und Kollegen ging es ähnlich, was auch den drei
Jungs nicht verborgen blieb. Aber der Versuch, etwas für uns Neues
auszuprobieren, kann ja nicht schaden, dachten wir, und so ging es
naiv aber zuversichtlich ans Werk, schließlich hatten die drei – sie
selbst nannten sich dem Szenejargon entsprechend ‚Orgas‘ – schon
kleinere LANs veranstaltet. (…)
Ende Juli war es dann endlich soweit. Das Wochenende war eines
der heißesten des Jahres, und die meisten Jugendlichen zog es wohl
eher ins Schwimmbad, als es am Samstagvormittag dann Ernst wurde.
Bereits ab 10 Uhr trudelten einzelne Jugendliche ein, die von ihren
Eltern oder von Freunden gebracht wurden, nur wenige kamen mit
dem eigenen Auto, da die meisten unter 18 Jahren alt waren. Die
Spieler luden ihre Computer und prall gefüllte Kühltaschen in aller
Ruhe aus – und alles was sie sonst noch für wichtig ansahen, damit sie
und ihr Spielequipment die Hitzeschlacht unbeschadet überstehen
konnten: Ventilatoren, Schlafsäcke, Ersatzkleidung und Glücksbringer
gehörten zur Grundausstattung, ein Minibackofen oder ein Zelt dagegen doch eher zu den exotischen Mitbringseln. Wie auf einem Flug-
hafen bei einem Pilotenstreik sah es im Eingangsbereich der Halle aus,
wo sich alle Teilnehmer registrieren lassen mussten und ihre Plätze
zugewiesen bekamen. Taschen, Gepäckstücke, Monitore und Com-

und Kulturfragen beschäftigt. Aktuell führt die Projektgruppe Studien zu zeitgenössi-
schen Formen des Jugendbrauchtums, zur jugendlichen Musikpiraterie, zur (Des-)In-
tegration von Aussiedlerjugendlichen und zur Globalisierung der Medienkommuni-
kation durch. Einen kleinen Überblick über die Forschungstätigkeit aus der jüngeren
Vergangenheit findet sich in: Hepp/Vogelgesang (2003).

puter in allen nur erdenklichen Varianten stapelten sich für den Au-
ßenstehenden wirr und unkontrolliert im Foyer, während die eintref-
fenden Spieler sich anmeldeten. Das alles verlief recht locker und ähnelte eher einem netten Plausch mit Freunden als der Vorbereitung
auf einen anstehenden Wettkampf, wo in martialischen Schlachten
virtuelle Gegner außer Gefecht gesetzt werden sollten. (...)

Viele kannten sich persönlich, da sie gemeinsam zur Schule gehen
oder sich auf anderen Veranstaltungen bereits begegnet waren, manche dagegen nur unter dem ‚nickname' (kurz: nick) – einem Tarnna-
men, den sie im ‚virtual life' des Internets verwenden –, wobei sich
hier nun die Gelegenheit bot, die entsprechende Person auch einmal
im ‚real life' kennen zu lernen – und natürlich auch deren Geräteaus-
stattung. Denn viele Computer waren sehr auffällig umgestaltet. So
sägten einige LAN-Teilnehmer das Logo ihres Lieblingsspiels hinein,
andere verwendeten ein durchsichtiges Gehäuse, das den Blick freigab
auf ein mit Leuchtdrähten ausgestattetes Innenleben, und zu den ganz
exotischen Eigenkreationen zählten fraglos Computer, bei denen die
Einzelbestandteile in einem Holzgestell, einem Alukoffer oder einer
Bierkiste Platz gefunden hatten. Auch wenn nicht alle Computer so
spektakulär umgestaltet waren, so hatten sie doch alle irgendwie ihre
eigene Note und wenn es nur Glücksbringer und Luftballons waren,
die man am Monitor befestigt hatte, oder Aufkleber aus den Junior-
tüten von McDonalds, die im Laufe der beiden Spieltage reichlich
Zuspruch fanden.

Fast sechs Stunden lang kamen Jugendliche an, und ganz nebenbei
veränderte sich auch das Bild der Halle. Sah es am Morgen noch nach
einem Familienfest aus, so ähnelte das Ganze am Nachmittag eher der
NASA-Leitzentrale: komplett verdunkelt und nur erleuchtet von etwa
120 Computermonitoren und einer Bildfläche, auf die ein Videobea-
mer die aktuellen Informationen zum Turnierablauf projizierte. Mittlerweile hatten die meisten hinter den Bildschirmen Platz genommen.
Auch die Orgas waren nun auf ihren Plätze in der Nähe der Steue-
rungscomputer, die sie selbst aufgebaut und funktionsfähig gemacht
hatten. Später berichteten sie uns voller Stolz, dass sowohl der Intra-
netserver, der allen angeschlossenen Computern den Turnierplan und
weitere Informationen zur Verfügung stellte, als auch der Gameserver,
der die Spielprogramme zugänglich machte, störungsfrei liefen. Unsere Anerkennung hierfür war mit dem Geständnis verbunden, dass wir
den eigentlichen Turnierstart irgendwie verpasst hatten. Uns sei nur
aufgefallen, dass es irgendwann in der Halle doch recht leise geworden

sei und die Konzentration und Anspannung der Spieler sichtlich zugenommen habe.

Was uns allerdings nicht entging, war die rege Kommunikation
untereinander. Per Headset, einer Kombination aus Mikrophon und
Kopfhörer, tauschten die Spieler Informationen aus und wirkten dabei
wie Fluglotsen oder Mitglieder eines Call-Centers, die kurz und
knapp irgendwelche Anweisungen übermittelten. Wie wir später er-
fuhren, galten diese Hinweise den Mannschaftskameraden. Denn gespielt wurde im Multi-Player-Modus, also in kleinen Gruppen, die
sich gegenseitig mit allerlei Tricks und Finten auszumanövrieren
suchten. Vor allem, als sich die Reihen zum ersten Mal etwas lichte-
ten, weil einige Teams bereits ausgeschieden waren, bot sich Gelegenheit, das vernetzte Spielgeschehen etwas genauer zu beobachten, indem ich mehreren Teams über die Schultern schauen und das virtuelle
Gerenne und Schießen aber auch die sprachlichen Äußerungen und
Hinweise plötzlich in einen Zusammenhang stellen konnte. Es war
beeindruckend, das gesamte Spielszenario aus ganz unterschiedlichen
Perspektiven wahrzunehmen. Während die Spieler ausschließlich auf
ihre Spielfigur fixiert sind, hatte ich auch die Möglichkeit, einen Blick
auf die Bildschirme der Gegner zu werfen und konnte dabei sehen,
wie sich die Teams per Absprache positionierten, wenn ein Gegner
entdeckt oder vermutet wurde, welche unterschiedlichen Strategien in
Sekunden angedeutet und wieder verworfen wurden, und wie eine
Unachtsamkeit oder ein Abstimmungsfehler zum spielentscheidenden
Nachteil werden konnte, aber auch wie ein genialer Spielzug oder eine
geschickte Mannschaftsstrategie ein Team auf die Siegerstraße brachte.
Jeder der Beteiligten hatte offensichtlich die schier unendliche Fülle
von digitalen Landschaften, in denen sie spielten, ganz genau im
Kopf.

Dass uns dieses kleine Universum von animierten Bildwelten am
Anfang wie ein riesiger zusammenhangsloser Bilderteppich vorge-
kommen sei, dessen Sequenzen an schnell geschnittene Video-Clips
erinnerten, wurde von den LAN-Fans nicht weiter kommentiert: Man
müsse sich halt in diesen Welten – es wurde hier wie auf vielen anderen LAN-Partys vorrangig das Spiel *Counterstrike* (CS) gespielt – aus-
kennen und auch die Regeln beherrschen, um sich hierin dann auch
bewegen zu können. Zum Beispiel eine Mauer, die so hoch ist, dass
man nicht über sie hinüberspringen kann: einfach die Space-Taste
drücken. Aber wer zur Verbesserung seiner Treffsicherheit einen ‚aim
bot‘ einsetzt, also ein kleines Zusatzprogramm, das dafür sorgt, dass

die Kugeln den Gegner auch wirklich treffen, dem werde der Rechner sehr schnell vor die Halle gestellt. Wer auf diese oder ähnliche Weise die CS-Regeln verletze – in der Sprache der Fans heißt dies, bei einem ‚cheat' erwischt zu werden –, der manövriere sich selbst ins Abseits. Und die gänzlich Unverbesserlichen stünden auf einer schwarzen Liste, die den LAN-Organisatoren besten bekannt sei. Sich Regeln geben und diese auch zu befolgen, das sei für das Spielen wie für die LAN unverzichtbar. Dagegen helfen blindes Ballern oder Alleingänge niemandem weiter. (...)

Zu Ende ging die LAN genauso, wie sie angefangen hatte. Nach der großen Preisverleihung, bei der es auch einen besonders starken Applaus für die Orgas gab, verließen die Jugendlichen tröpfchenweise die Halle, nachdem sie gemächlich ihre Computer abgebaut und ihre sonstigen Mitbringsel zusammengepackt hatten. Man unterstützte sich dabei und hatte so nochmals Gelegenheit, einen interessierten Blick auf die Hardware der anderen zu werfen. Der Abschied war herzlich und für viele bereits mit einer Verabredung für die nächste LAN verbunden. Draußen warteten bereits die Eltern oder Freunde, die die Gerätschaften in Empfang nahmen und im Auto verstauten. Manch einer musste aber auch auf seinen Fahrer etwas warten und saß dann doch recht einsam vor der Halle – abgekämpft, mit roten Augen und todmüde.

2.2 Privat-LAN: „Da waren Abstürze vorprogrammiert"

Die Ursprünge des LAN-Booms, wie er sich heute als fester Bestandteil der Jugendkultur zeigt, liegen fraglos im privaten Bereich. Es waren jugendliche Computer- und Spielefreaks, die – ganz entgegen dem immer wieder popularisierten Stereotyp vom computersüchtigen Einzelgänger, der sich angeblich auf einer weltabgewandten Spiele-Odyssee befindet – Zuhause oder bei Freunden Versuche starteten, Computer miteinander zu verbinden und im Mehrpersonen-Modus verfügbare Spiele auf diese Weise ans Laufen zu bringen. Was von den großen kommerziellen Herstellern von Unterhaltungselektronik ausschließlich für die Spielkonsolen vorgesehen war, sollte gleichsam in eigener Regie und vor allem unter Zuhilfenahme der eigenen PCs simuliert werden. In gewissem Sinn den von uns Ende der 80er Jahre untersuchten Video-Cliquen ähnlich, wurden dadurch auch die vernetzten Computerspiele verstärkt zum Gruppenereignis. Während die Videokids jedoch ohne große Vorbereitung ihren Action- und Horrorspektakel frönen konnten, sind die Spieletreffen an aufwändige Vorarbeiten geknüpft, wie uns ein Jugendlicher recht anschaulich zu schildern wusste:

> „Wir treffen uns meist am Wochenende bei einem aus unserer Clique. Das ist dann jedesmal irrsinnig aufwändig, weil jeder seinen eigenen PC mitbringt und wir die Geräte dann gemeinsam vernetzen. Das hat am Anfang super Probleme gemacht, weil man ja Zugriff auf den Rechner der anderen hat. Da waren Abstürze vorprogrammiert" (Fabian, 15 Jahre).

Immer wieder finden sich in den Interviews Hinweise darauf, welche Herausforderung die Vernetzung der Computer für die Jugendlichen darstellt. Während viele sich vorher um solche technischen Dinge nicht sonderlich gekümmert haben, sind sie nun mehr oder weniger gezwungen, sich auch damit intensiv auseinander zu setzen. Learning bei doing heißt die Devise in der ersten Lernstufe, wobei aber nach und nach an die Stelle des Versuchs-Irrtums-Lernens ein größeres Wissens über die unterschiedlichen Vernetzungsformen aber auch andere Neuerungen im Hard- und Softwarebereich tritt:

> „Der technische Aspekt ist auch sehr interessant, z.B. nach welcher Variante ich ein Netz aufbaue, denn da gibt es durchaus verschiedene Möglichkeiten. Die lernt man aber mit der Zeit kennen. Auch dass man sich mit seinen Spielpartnern über die aktuellen Graphikkarten, Prozessoren und solche Sachen unterhalten kann, denn die Qualität der Spiele hängt eng mit der technischen Weiterentwicklung im Hardwaresektor zusammen" (Pierre, 22 Jahre).

Die Gruppe wird für die Jugendlichen zu einer Art Wissensdrehscheibe und Sozialisationsagentur in Computer- und Netzfragen, wobei die Strategien des Selbermachens und der ständigen Marktbeobachtung eine wichtige Rolle spielen. Denn nur die neuesten Graphik- und Sound-Chips garantieren eine exzellente Bild- und Tonqualität und kommen damit dem Wunsch der Spieler nach einer möglichst realitätsnahen Darstellung der Spielhandlungen sehr entgegen.

Nicht nur das Spielen scheint ihnen also sichtlich Vergnügen zu bereiten, sondern auch die selbständige und optimale Herstellung der Spielvoraussetzungen. Mit Stolz wird deshalb immer wieder darauf verwiesen, dass es gerade die Virtuosen unter den jugendlichen Spielefreaks sind, die durch ihr Können und ihre Phantasie ständig neue virtuelle Szenarios und Spiellevels kreieren. Das Spiel Counterstrike gilt ihnen dabei als Musterbeispiel und dies nicht nur, weil es von zwei Studenten aus einem anderen Computerspiel weiterentwickelt wurde, sondern weil von der riesigen Spielergemeinde – allein in

Deutschland wir ihre Zahl auf etwa eine halbe Million geschätzt – fast täglich neue Spielwelten programmiert werden, deren narrative Struktur mittlerweile so komplex ist, dass es selbst für die ausgebufften Spieler manchmal schon einer intensiven Suche bedarf, bis sich die Kombattanten darin gefunden haben. Tilmann Baumgärtel (2002, S. 35) konstatiert in diesem Zusammenhang treffend: „Was früheren Generationen Knete, Malkasten oder Balsaholz waren, ist für die Generation LAN die ‚game engine‘ des Spiels: ein Medium, mit dem man kreativ sein und gestalten kann. In diesem Fall gleich ein ganze Welt – ein Universum, das nach den eigenen Regeln funktioniert und in dem man seine eigenen Abenteuer erleben kann. Nebenbei lernt man gleich noch, wie man hoch komplexe 3-D-Modelling-Programme bedient, die wohl die meisten deutschen Informatikprofessoren überfordern würden."

Wie wichtig den Jugendlichen in den Spieluniversen der Ego-Shooter, in denen sie filmanalog aus der Perspektive der subjektiven Kamera ihre fiktiven Kämpfe austragen, die Kontrolle über das Geschehen ist, wurde immer wieder betont. Die wiederkehrenden Handlungen und die narrative Komplexität werden für sie zu Landkarten virtueller Szenarien, die man sich nach seinen Vorstellungen aneignen kann.

> „Beim Spielen," so umschreibt dies Felix, 17 Jahre, „da wählt jeder seinen Weg. Auch wenn man bei den Ego-Shootern den Ausgang kennt, dann ist das Entscheidende doch, wie man dahin kommt, welche Strategie man wählt. Und ich kann meinen Plan mittendrin im Spiel ändern, wenn ich sehe, dass etwas schief läuft."

Ein anderer hat die Bedeutung, jederzeit ins Spiel eingreifen und den Verlauf ändern zu können, folgendermaßen zum Ausdruck gebracht:

> „Bei Counterstrike gibt es natürlich auch Regeln, wie bei allen Computerspielen halt, aber wie ich sie anwende, das ist wichtig. Es ist schon irgendwie so wie beim Schachspiel, man versucht in allen Spielsituationen den Überblick zu behalten. Aber das Ganze passiert halt in Sekundenbruchteilen und die entscheiden dann über Sieg oder Niederlage" *(Leon, 19 Jahre)*.

Es ist offensichtlich, dass von der Bewegungs- und Handlungsfreiheit, die durch die variantenreiche Spieldramaturgie möglich werden, eine starke Faszination für die Spieler ausgeht. Sie wählen ihren ganz individuellen Weg durch das Labyrinth der fast unzähligen computergenerierten Spielwelten, d.h. sie übernehmen eine wichtige Regiefunktion für den Spielverlauf. Aber sie sind keine Einzelkämpfer, sondern letztlich kommt man nur zum Erfolg, wenn das eigene Vermögen und Geschick und die Gruppentaktik erfolgreich aufeinander abgestimmt sind. Denn es geht bei Ego-Shooter-Spielen nicht nur darum, sich allein oder in einer Kampfgemeinschaft den Weg freizuschießen, sondern immer auch um taktische Ziele, z.B. eine Basisstation einzunehmen oder Geiseln zu befreien. Bereits für die Privat-LANs gilt somit: Das individuelle Handeln ist teammäßig ausgerichtet.

Aber der Wettkampfcharakter spielt dabei noch eine vergleichsweise geringe Rolle. Im Mittelpunkt des gemeinschaftlichen Spiels stehen die Geselligkeit und das Gruppenerlebnis, die Ausgelassenheit und die Ungezwungenheit. Man ist hier nicht nur unter Alters-, sondern in erster Linie unter Seinesgleichen, trägt in und mit der Gruppe die fiktiven Scharmützel aus – und dies alles in einer den Routinecharakter des Alltags auflösenden Fetenatmosphäre. Entsprechend beschreibt Darius, 17 Jahre, seine aus acht Mitgliedern bestehende Spielclique auch als „*Zockerteam, bei dem es so richtig abgeht.*" Und er ergänzt:

> „Angesagt ist bei unseren Treffen Spaß pur, Action und coole Sprüche aller Art. Weil wir uns halt super gut kennen, da kann das denn schon mal sein, dass da plötzlich einer losbrüllt: ‚Da, du Penner, jetzt habe ich dir gerade eine Rakete in den Arsch gejagt.' So was ist aber nicht böse gemeint, da fühlt sich auch niemand beleidigt. Das hängt halt mit der Gaudi untereinander zusammen."

Es ist also keineswegs zutreffend, dass an die Stelle der personalen Kommunikation eine Spielfixierung und ein sozial isoliertes Abgleiten in irgendwelche Gewaltszenarien treten würden, wie immer wieder von besorgten Pädagogen und Eltern zu hören ist. Im Gegenteil, auch – oder gerade – die kollektiven Baller- und Abschießspiele sind eingebunden in expressive Verhaltensmuster, gekoppelt an Witz, Spaßmachen und Albernheiten und letztlich Ausdruck medium- und szenegenerierter Flip-Praxen. Die vielzitierten Privat-LANs sind demnach – ähnlich wie die Aktivitäten vieler anderer Medienfangruppen – auch ein Befreiungsversuch von den Rationalitätsanforderungen und der Problembeladenheit der modernen Alltagsrealität. Sie sind ein Freiraum und Aufbruch zu anderen, außeralltäglichen Erlebnisformen und generieren, wie ihre Anhänger immer wieder hervorheben, gleichermaßen einen virtuellen und realen Raum für Nähe, Vergnügen und Geselligkeit. Florian, 18 Jahre, bestätigt dies und macht darüber hinaus noch darauf aufmerksam, dass auch LAN-Gruppen eine Geschichte haben und stellt an seinem Beispiel den Werdegang und die Atmosphäre bei den Privat-LANs nochmals in aller Deutlichkeit heraus:

„Unsere erste eigene LAN war an einem Samstag bei einem Freund Zuhause. Ich erinnere mich noch genau, wir waren zu viert und hatten uns vorgenommen, ‚Duke' und ‚Doom' – (es handelt sich dabei um die ersten Multi-Player-Spiele; W.V.) – über ein Netzwerk zu spielen. Mit Nullmodemkabel und normaler Vernetzung für vier PCs wollten wir die Spiele im two-and-two-Modus spielen. Ich weiß nicht mehr, aber es waren ‚zig Versuche notwendig, bis das Netz einigermaßen funktionierte. Aber so fing es an. (...) Wir haben schnell gemerkt, wie geil das ist. Wann immer einer sturmfrei hatte, wurden die PCs mitgebracht und losgezockt. Erst waren es ganz kleine Treffen, denn am Anfang hatte ja nicht jeder einen PC. Irgendwann kamen dann sechs PCs, dann acht und am Schluß spielten wir zu zehnt. Einmal in den Ferien hatten wir sogar ein ganzes Haus, dort waren wir dann mit sechzehn Leuten. (...) Für diejenigen, die neu hinzukamen, für die Newbies, ist das ziemlich schnell gegangen, bis sie in der Gruppe akzeptiert waren. Die meisten hatten vorher schon gespielt, aber in der Gruppe gibt es wesentlich mehr taktische Möglichkeiten, wie man so ein Spiel aufziehen kann. Man muss Aufgaben gemeinsam erledigen, sich abstimmen, als Team eben spielen. (...) Heute sind wir ein fester Kreis von acht Leute, super Typen. Und bei den Treffen wird längst nicht mehr nur gespielt. Da wird etwas zu Essen und Trinken mitgebracht und manchmal grillen wir auch gemeinsam. Wir wollen einfach zusammen sein, Party machen, das ist wichtig. Natürlich wird auch über Technik geredet und über die Spiele, über clevere Schachzüge und hinterhältige Fallen, die man den anderen gestellt hat. (...) Spielen und alles, was so dazu gehört, das ist halt ein Gemeinschaftserlebnis geworden."

2.3 LAN-Party: „Umbauen, denn Standard ist langweilig"

Es waren die kleinen Privat-LANs, aus denen findige und spielbegeisterte Computerfreaks in der zweiten Hälfte der 1990er Jahre einen neuen Typus von Netzspiel entwickelt haben, für das sich in der jugendlichen Spielerszene der Begriff LAN-Party eingebürgert hat. Was in den eigenen vier Wänden begann, erhielt auf diesen Veranstaltungen gleichsam eine überlokale Plattform. Denn hier wurde den „*Heimspielern*" (Timo, 16 Jahre) die Gelegenheit geboten, andere Shooter-Cliquen kennen zu lernen, gegen diese zu spielen und sich mit ihnen im Spiel zu messen. Gegenwärtig werden hierzulande jedes Wochenende zahlreiche solcher LANs mit Namen wie ‚Leavin' The Reality Behind', ‚eXtremezocken' oder ‚MagicLAN' durchgeführt. Die Teilnehmerzahlen schwanken dabei zwischen zwanzig und mehreren hundert, wobei die Teilnahme jedem offen steht, sofern er mit der nötigen Hard- und Software ausgestattet ist. Weitere Vorleistungen sind – sieht man einmal von der Teilnahmegebühr, die zwischen fünf und fünfundzwanzig Euro liegt – nicht nötig: *„Einfach die Kiste ein-*

stöpseln und los geht's", wie dazu Uwe, ein 17-jähriger Spielefreak, kurz und prägnant meinte.

Hier wird ein erster, wichtiger Unterschied zu den Privat-LANs sichtbar: LAN-Partys sind vororganisiert. Die große Teilnehmerzahl erfordert nämlich eine längerfristige Planung und umfassende Koordination. Ein passender Veranstaltungsort muss gefunden werden, Sponsoren sind zu rekrutieren und nicht zuletzt ist die entsprechende technische Ausrüstung (Netzwerkkabel, Switches/Hubs, Server etc.) zu beschaffen und aufzubauen. Um diese Aufgaben effizient zu lösen, haben sich zahlreiche Organisationsteams, die so genannten ,Orgas', gebildet, die sich fast ausschließlich auf die Durchführung solcher Veranstaltungen konzentrieren und deren Mitglieder dabei auch ein hohes Spezialwissen erwerben. Und manche sehen darin auch durchaus eine Chance, aus ihrem Hobby später vielleicht einmal einen Beruf zu machen. Thomas, ein 21-jähriger Informatikstudent, bestätigte uns dies:

> „Ich habe mit zehn schon am Rechner gesessen, mit fünfzehn meine erste LAN organisiert und mit achtzehn in den Ferien bei einem Autohändler in T. als Systemadministrator gejobbt. Das Informatikstudium war dann fast zwangsläufig."

Aber im Interview spricht er auch noch einen anderer Aspekt an, der ihm in diesem Zusammenhang wichtig ist:

> „Wer LANs organisiert, hat natürlich ein Spezialwissen in Netzwerktechnik, aber er muss sich auch mit Managementfragen auseinander setzen. Sponsoring, die Verwaltung der Eintrittsgelder, Haftungsfragen, dies sind alles Dinge, die bei einer größeren LAN geregelt werden müssen. Wir haben uns deshalb in einem Verein zusammengeschlossen. Das machen viele Orgas so, nicht zuletzt auch deshalb, weil dadurch die Risiken besser kalkulierbar werden."

Auch wenn Spezialisierungs- und Professionalisierungstendenzen unverkennbar sind, so stehen auf den LAN-Partys doch die Geselligkeit und das Vergnügen im Mittelpunkt. Organisatoren und Spieler bilden über ein verlängertes Wochenende – die Spieldauer reicht von einem bis zu drei Tagen – eine Interessen- und Spaßgemeinschaft, bei der die Begeisterung für ein bestimmtes Computerspielgenre eine kommunikative Klammer zwischen den Anwesenden erzeugt. Simon, 19 Jahre, drückt dies so aus:

> „LAN-Party ist für mich ein Begriff für Zusammengehörigkeit. Die Leute haben dasselbe Hobby, sie treffen sich, reden miteinander, spielen miteinander und haben Spaß zusammen. Man hat dieselben Interessen, dieselbe Leiden-

schaft. Man kennt sich vielleicht nur aus dem Internet, trifft sich hier mal und kann dann miteinander reden und spielen."

Da zwischenzeitlich auch im Internet virtuelle Spielgemeinschaften großen Zuspruch finden, bieten die LAN-Partys manchmal auch Gelegenheit, dem Online-Partner persönlich zu begegnen. Sie sind eine Gemeinschaft zum Anfassen und der direkten und unmittelbaren Kommunikation, aber auch zur Ein- und Abschätzung der potentiellen Gegner. Es ist den Spielern nämlich schon wichtig zu wissen, gegen wen sie spielen, wer der strategische Kopf, der gute Taktiker und der beste Schütze in den Teams ist, gegen die sie die Turnierauslosung möglicherweise zusammenführt. Auch wenn der Wettkampfcharakter es verbietet, von der eigenen Strategie und den Fertigkeiten der jeweiligen Teamspieler allzu viele Einzelheiten preiszugeben und man im Spiel auch schon einmal die Erfahrung macht, dass eine gezielte Falschinformation sich als taktisch geschickter Bluff erweisen kann, so gibt es in der Ego-Shooter-Szene aber bezüglich des Spielens selbst ein ungeschriebenes Gesetz: *„Don't cheat, betrüge nicht"* (Timo, 16 Jahre). Wer gegen diesen Spielkodex verstößt, d.h. sich z.B. durch ‚Wallhakking' (Durchsichtigmachen von räumlichen Begrenzungen) oder ‚Point-Tropping' (Generierung von höheren Ressourcenbeständen) einen unlauteren Vorteil verschafft, dem ist der Ausschluss aus der LAN-Party sicher. *„Im Wiederholungsfall,"* so erklärt uns Kai, ein 20-jähriger Orga, *„findet er sich schnell auf einer schwarzen Liste wieder."*

Diese Aussage verdeutlicht, wie wichtig es den Spielern ist, dass bestimmte Regeln eingehalten werden. Nur sie garantieren einen fairen Wettstreit, eine verlässliche Ordnung im Ablauf der Veranstaltung und eine Atmosphäre der Freundschaft. Aber es geht hier nicht nur um die Einhaltung von Regeln, sondern auch darum, dass es die Jugendlichen selbst sind, die diese Regeln aufgestellt haben, über deren Einhaltung wachen und im Übertretungsfall Sanktionen verhängen. Dass die Ordnungsstiftung im Mini-Kosmos LAN-Party dabei auf ganz ähnliche Weise erfolgt, wie im ‚wirklichen Leben', ist ihnen voll bewusst. Ihre Herstellung von Ordnung ist deshalb eine Metapher für das, was in der Alltagswelt geschieht: „Wie in der Realität erfordert das Überleben und Gewinnen in der virtuellen Welt Einsatz, Arbeit, Lehrzeit und sehr oft Kooperation, um zum Ziel, zum Erfolg zu kommen. Übertretungen werden hier wie in der wirklichen Welt bestraft (zumindest durch Missbilligung und, wenn möglich, durch Strafpunkte). Die Spieler organisieren ihre Verhaltensweisen also gemäß einem Kodex, der durch Werte geprägt ist, die denen der wirklichen Welt entsprechen" (Nachez/Schmoll 2002, S. 7). Die Organisation des Spielverlaufs ist, wenn man so will, dem wirklichen Leben abgeschaut. Die hier geltenden Bedingungen werden zwar in den Spiel-Rahmen übertragen, verlieren dadurch aber nicht ihre Gültigkeit. Ob dieser reflexive Umgang mit den Spielbedingungen auch auf die Spielinhalte übertragbar ist, wird noch zu prüfen sein. Vor diesem Hintergrund ist auch kritisch zu fragen, was genau gemeint ist, wenn die These aufgestellt wird: „Die Ego-Shooter sind ein Beispiel dafür, dass die Trennwand zwischen medialer und realer Welt dünner geworden ist" (Theunert u.a. 2002, S. 142).

Es wird auf die Frage nach dem Risikopotential dieser Spiele noch einzugehen sein. Aber soviel zeichnet sich bereits jetzt ab: Die Spieler markieren einerseits Grenzen zwischen Alltags- und Spielwelt, andererseits sind für beide Welten bestimmte Inszenierungsformen, die auf Kreativität, Unverwechselbarkeit und Authentizität zielen, identisch. Besonders nachdrücklich wird dies an der Umrüstung und am Design des eigenen Computers deutlich. Die Devise heißt: *„Umbauen, denn Standard ist langweilig und oft auch viel zu langsam"* (Timo, 16 Jahre). Die Veränderungen beziehen sich dabei zum einen auf die technische Seite des Computers und werden im Szenen-Jargon als ‚Overclocking' bezeichnet. Zum Ausdruck gebracht wird damit eine besondere Form des PC-Tunings, um höhere Taktfrequenzen zu erzielen und den Rechner dadurch leistungsfähiger zu machen. Die als Nebenfolge dieser Aufrüstung unvermeidliche Wärmeproduktion wird durch aufwändige Kühlsysteme aufgefangen, die von selbst entwickelten riesigen Luft- und Wasserkühlern über Peletierelemente bis zu komplizierten Stickstoffverfahren reichen. Der individuellen ‚Kühlphantasie' sind hier fast keine Grenzen gesetzt – ein Umstand, der selbst unter den Szenenmitgliedern staunendes Anerkennen auslösen kann, welche eigenwilligen technischen Lösungen hier bisweilen gefunden werden. Neben den technischen Innovationen gibt es zum anderen aber auch ästhetische, die dem Computer eine sehr individuelle Note geben. Diese beziehen sich auf die Umgestaltung des Gehäuses und haben mittlerweile unter dem Stichwort ‚Case-Modding' einen regelrechten Ideen- und Zubehörmarkt entstehen lassen, dessen ausgefallenste Kreationen – oft mit Bastelanleitungen – auf zahlreichen Hardwareseiten im Internet bewundert werden können. Eine beliebte Veränderung ist z.B. der Einbau eines ‚Windows', das den Blick freigibt auf farbige Platinen, phosphorisierende Steckkarten, Leuchtdrähte oder

Blinkanlagen, die im Zusammenwirken bisweilen an Videoinstallationen erinnern und das Innenleben des Rechners als höchst artifiziell erscheinen lassen. Technisch und handwerklich begabte Spieler gehen sogar noch einen Schritt weiter und bauen die Systemkomponenten in leere Bierkisten, Koffer oder Vitrinen ein und stilisieren den Computer auf diese Weise zum absoluten Unikat und individuell designten Gesamtkunstwerk.

Neben solchen Eigenkreationen sind es auf den LAN-Partys aber auch die Spielkompetenzen, die die Aufmerksamkeit auf sich ziehen. Gerade bei den Endspielen bilden sich um die im Turnier verbliebenen Spieler regelrechte Trauben von Interessierten, die gebannt mitverfolgen, welche Taktik gewählt wird, wie gut die einzelnen Teams aufeinander abgestimmt sind und welche Spielvariante letztlich den Sieg brachte. Auch wenn man möglichst erfolgreich sein möchte – *„es weckt schon den Ehrgeiz in dir, für dein Team gut zu spielen und möglichst weit zu kommen"* (Kai, 16 Jahre) –, im Kern steht für die Spielgemeinschaften doch der Spaß im Vordergrund. Während des Spiels existiert keine Verbissenheit, unbedingt als Bester aus den virtuellen Schlachten und Kämpfen hervor zu gehen. Zwar wir darüber debattiert, wie welcher Abschuss zustande kam, aber die Highscore-Liste ist nur eine Nebensache. Das bedeutet, auch wenn man in verschiedenen Cliquen spielt und jedes Team den Ehrgeiz hat, alle Facetten seines Könnens zu demonstrieren, so bleiben der Wettkampfcharakter und Siegeswille doch eingebunden in ein Gruppen-Happening, bei dem Spaß und Geselligkeit unverzichtbare Komponenten sind. Dies zeigt sich auch bei den Siegerehrungen am Ende des Turniers, denn der ideelle Wert des Gewinns ist dabei weitaus bedeutsamer als der materielle Wert möglicher Sach- oder Geldpreise. Sie sind vielfach auch Anlass für wochenlange Diskussionen in den Internetforen der Shooter-Fans, wer wirklich der Beste war und welches Team den genialsten Coup gelandet hat. Das dabei sichtbar werdende Profilierungsstreben geht manchen aber bereits zu weit. Für sie sind die LAN-Partys schon zu groß und unpersönlich, als dass sich das reine Spielvergnügen, die absolute Relaxtheit und das kumpelhafte Miteinander noch so ohne weiteres einstellen würden:

> „Ja natürlich, ich unterhalte mich schon, aber trotzdem bleibe ich bei meinen Jungs. Ich finde diese LANs nicht so gut. Ich will mit meinen Freunden Spaß haben, aber dort muss man sich anders verhalten. Es gibt feste Regeln und man kennt die Leute nicht. Die großen LANs sind nicht so mein Fall. Diese machen mir weniger Spaß, weil man sich verändern muss, weil eine Norm

vorgegeben ist. Die kleinen Hobby-LANs sind viel geiler. Natürlich, weil hier gezockt wird. Aber es sind auch die coolen Sprüche und dass man hier auch mal ein Bier trinken kann. Auf den großen LANs heißt es nur spielen, spielen und nochmals spielen. Es ist dort auch mehr Druck, man muss zeigen, was man drauf hat. Da wird was von dir verlangt. Da kann man nicht einfach abschweifen" (Tim, 18 Jahre).

2.4   LAN-Event: „Wir machen das voll professionell"

Was Tim hier anspricht ist eine Entwicklung, die die LAN-Szene – wenn auch nicht von allen Spielern in gleicher Weise begrüßt – nachhaltig zu verändern beginnt: die zunehmende Spezialisierung, Kommerzialisierung und Eventisierung der Veranstaltungen. Was dabei zunächst einmal auffällt, ist die Steigerungsqualität, die für den neuen Typus von LAN-Meetings charakteristisch ist. Auch wenn Rekordjagden, die an der Größe der Veranstaltung und am Durchhaltevermögen der Spieler festmachen, primär das Einmalige, Exotische und Sensationelle unterstreichen, so sind dies doch Hinweise darauf, dass LAN-Treffen zunehmend Veranstaltungen der Superlative werden. Dies beginnt bereits mit der Bezeichnung. Häufig finden sich hier bestimmte Hochwerttitel, die Aufmerksamkeit wecken und das Gigantische herausstellen. ‚Dreamhack Summer 2002: Total World Domination' oder ‚MagicLAN' sind Beispiele hierfür und signalisieren den LAN-Fans, dass hier etwas Besonderes – und auch für die Szene Außeralltägliches – geboten wird, sozusagen ein Spiele-Happening der Extraklasse. Die Teilnehmer – auch hier handelt es sich in der Regel um männliche Jugendliche oder junge Männer – codieren im Übrigen den Mega- und Eventcharakter dieser Veranstaltungen ganz ähnlich:

> „Was mich so fasziniert an den Riesen-LANs, das ist der Eventcharakter. Es geht zwar wie bei den LAN-Partys Freitagmittag los und dauert bis Sonntagabend, aber da wird auf einem ganz anderen Niveau gezockt. Das Ganze ist immer auch super professionell organisiert" (Adrian, 20 Jahre).

Auch wenn kleinere LAN-Treffen bereits deutliche Professionalisierungstendenzen aufweisen, die organisatorischen und logistischen Leistungen der LAN-Events haben eine andere Dimension. Dies zeigt sich zunächst einmal darin, wie informativ und kreativ die virtuellen Plattformen genutzt werden, um für die Veranstaltungen zu werben, Anmeldungen zu registrieren, Platzordnungen vorzunehmen, Spielmodi darzustellen und mittels einer differenzierten Hyperlink-Struktur auf Sponsoren, andere Turniere, Rankings und vieles mehr auf-

merksam zu machen. Während die meisten LAN-Partys neben der
Internetpräsentation noch sehr stark auf traditionelle und lokal ausgerichtete Werbeformen zurückgreifen – *wir haben hier in St. Wendel
(Kleinstadt im Saarland; W.V.) ein paar Poster und Plakate aufgehängt
und in Schulen und Jugendeinrichtungen Flyer verteilt* (Christian, 21
Jahre) –, informieren die Veranstalter der LAN-Events ausschließlich
über anspruchsvoll gestaltete Webpages, die durchweg auch hohe de-
sign-ästhetische Qualitäten haben. Hinzu kommt eine sehr sorgfältige
Ablaufplanung. So werden Organisations- und Technikserviceteams
akquiriert, die rund um die Uhr im Dienst sind, um ein optimales
Spielen zu garantieren, und Physiotherapeuten engagiert, um die ver-
krampften Rückenmuskeln der Hardcore-Spieler zu lockern. Verschiedene Catering-Dienste sind ebenso ein festen Programmbe-
standteil wie ansprechende Toiletten- und Duschmöglichkeiten sowie
gemütliche Schlafräume, auch wenn diese nur von wenigen Spielern
in Anspruch genommen werden. Als besonderer Höhepunkt werden
immer öfter auch Wahlen zum Mr. oder zur Miss LAN durchgeführt.

Wer diese arbeits- und zeitintensiven Tätigkeiten nicht in eigener
Regie durchführen möchte, kann sich auch an professionelle Event-
Agenturen wenden, die sich auf die Organisation und Vermarktung
von LAN-Veranstaltungen spezialisiert haben. Die Teilnehmer wissen
die hohe Professionalität bei der Vorbereitung und Durchführung der
LAN-Events zu schätzen und sind durchaus auch bereit, weite Anrei-
sewege in Kauf zu nehmen: *„Wir waren schon in Kopenhagen auf einer
Mega-LAN"*, sagt Philipp, ein 17-jähriger Schüler aus Saarbrücken,
„die haben uns dorthin eingeladen gehabt." Und er ergänzt: *„Wir waren
auch schon in Holland und in der Schweiz auf LANs, soweit das Auto
halt trägt."* Es sind zum großen Teil Stammbesucher, die sich auf den
großen europäischen LAN-Events immer wieder einfinden. Wie
schnell die begehrten Plätze dabei vergeben sein können, hat uns ein
Veranstalter aus Luxemburg berichtet:

> „Die erste Mega-LAN, die wir im Mai 2000 durchgeführt haben, war kaum zu
> Ende, da wurden wir schon gefragt und angeschrieben, wann wir wieder so was
> auf die Beine stellen würden. (...) Wir hatten die Homepage für die zweite
> LAN noch nicht richtig online gestellt, da war das Forum schon direkt voll mit
> Anfragen und dann nach 24 Stunden gab es schon die ersten hundert Leute,
> die sich angemeldet hatten" (Eric, 26 Jahre).

Worin liegen nun die Gründe dafür, dass die großen LAN-Events auf
eine so starke Resonanz in der Spielerszene stoßen. Aus der Sicht der
Veranstalter ist dies neben der Professionalität der Organisation vor

allem auch der finanzielle Anreiz für die Teilnehmer. Um nochmals
Eric zu Wort kommen zu lassen:

> „Wir machen das voll professionell, da wird nichts dem Zufall überlassen. Und
> dann sind das auch ganz schöne Summen, die man hier gewinnen kann. Bei
> unserer letzten LAN konnte allein das Siegerteam einen Check von 1.000 Euro
> in Empfang nehmen."

Auch weitaus höhere Siegprämien sind keine Seltenheit, so dass die
Organisatoren der Super-LANs mittlerweile mit einem Budget im
sechs- oder gar siebenstelligen Bereich operieren. Diese extreme Kommerzialisierung ist nur durch ein starkes Engagement der Hard- und
Softwareindustrie möglich geworden. Sie sehen ganz offensichtlich in
den LAN-Events eine optimale Plattform, um für ihre Produkte zu
werben. Bereits an den Werbebannern auf den Homepages der Organisatoren wird sichtbar, wie Produkt- und Sponsorenwerbung gleichsam kurzgeschlossen werden, denn der Hinweis auf die Veranstaltung
ist aufs Engste gekoppelt mit Verweisen auf den (oder die) Geldgeber.
Auch in den gemieteten Hallen und nicht zuletzt bei der Preisverleihung, die ähnlich wie bei den großen Tennisturnieren von den PR-
Managern oder Geschäftsführern der Sponsoring-Firmen vorgenommen werden, ist die Präsenz der Geldgeber allgegenwärtig. Dass sich
ihre finanzielle Beteiligung rechnet, ist auch daran ablesbar, dass über
die LAN-Events mittlerweile auch ausführlich berichtet wird. Sie werden beispielsweise auf CD-ROM festgehalten und Fachzeitschriften
beigelegt, so dass jeder Fan diese Wettbewerbe verfolgen kann. Aber
auch branchenfremde Medien wie Wochenzeitungen, Boulevardmaga-
zine und spezielle Radio- und Fernsehbeiträge informieren über die
Highlights der Gamer-Szene. Es findet auf diese Weise eine Art medialer Verdoppelung der Aufmerksamkeit statt, die einerseits die Einma-
ligkeit der Veranstaltung unterstreicht, andererseits aber eine Breiten-
wirkung erzeugt, die manche bereits von einer neuen Form von ‚E-
Sport' sprechen lässt, die auf den LAN-Events sichtbar wird.

Dass diese Entwicklung auch Einfluss auf den Prozess des Compu-
terspielens nehmen würde, war anzunehmen. Aber wie gravierend die
Unterschiede zwischen den ‚E-Sportlern' und den ‚Hobby-LANern'
sind, ist doch einigermaßen überraschend. Während auf den häuslichen Privat-LANs oder den lokalen LAN-Partys vornehmlich Freun-
descliquen ihrem virtuellen Spielvergnügen nachgehen oder sich gege-
benenfalls spontane Spielergemeinschaften zusammenfinden, spielen
auf den großen LAN-Events Mannschaften gegeneinander – in der

Szenensprache ‚Clans' genannt –, die in ihrer Struktur einem Sport-
verein recht nahe kommen. Zunächst einmal haben auch die Spiele-
Clans Namen wie etwa ‚Electronic Gamers', ‚CopKillers' oder ‚Rebels
of Network' – Interessierte finden eine ausführliche Auflistung aller
Online-Clans mit Mitgliederzahlen und weiteren Clubinformationen
unter www.clanlisten.de –, des Weiteren verfügen sie über ein eigenes
Logo und Outfit, das ihren Teamcharakter in besonderer Weise unterstreicht. Intern weisen die Clans, deren Mitgliederzahlen zwischen
zehn und fünfzig variieren, eine deutliche hierarchische und aufga-
benbezogene Differenzierung auf. Die Hauptverantwortung liegt in
den Händen des ‚Leaders', spezifische Aufgaben und Funktionen wie
etwa Homepagegestaltung, Spielerbetreuung oder Sponsorenkontakte
werden einzelnen Mitgliedern übertragen. Hinzu kommt in vielen
Fällen eine Spezialisierung, die unmittelbar mit dem Spiel verbunden
ist, d.h. auch in den virtuellen Szenarien agieren die Clanmitglieder –
und zwar ja nach Können und Geschicklichkeit – hoch arbeitsteilig.
Die Professionalisierungstendenzen der LAN-Events haben mittlerweile auch in den Clans deutliche Spuren hinterlassen:

> „Es ist aber nicht so, dass die Spieler verschiedene Games trainieren, sondern
> sie spezialisieren sich auf ein Spiel. In diesem Spiel trainieren sie dann ganz
> spezifische Dinge, etwa nur Springen bei gleichzeitigem Zielen. Dies ist eine
> Art Drill, aber nur so hat man auf dem Spielermarkt überhaupt eine Chance,
> in einem guten Clan unterzukommen, weiterhin Mitglied zu bleiben oder ei-
> nen großzügigen Sponsor zu finden" (Markus, 25 Jahre).

An dieser Stelle ist es notwendig, auf eine wichtige Differenz – um
nicht zu sagen: Grenzlinie – innerhalb der Clan-Gruppen hinzuwei-
sen, die auch von den Mitgliedern selbst sehr deutlich gezogen und
durch eine szeneneigene Begrifflichkeit markant zum Ausdruck gebracht wird: die Unterscheidung zwischen ‚Non-Professional Gamer'
und ‚Pro-Gamer'. Die NPGs, wie die erste Fraktion in Spielerkreisen
auch oft genannt wird, verstehen sich dabei als Gruppe, für die der
Spaß am Spielen und das Gemeinschaftserlebnis absolute Priorität haben. Sie spielen gegeneinander genau so gern wie gegen andere Clans,
wie uns Sebastian, 29 Jahre, am Rande einer LAN-Party berichtet hat:

> „Wir spielen regelmäßig zusammen, meistens bei mir Zuhause. Wenn es zeit-
> lich eng ist, legen wir auch schon mal eine Internet-Runde ein. Wir gehen
> auch zusammen auf größere LANs wie diese hier (‚Space Match' in St. Wen-
> del; W.V.), organisieren selbst auch welche, aber nicht regelmäßig. Es soll ja
> kein Stress sein, nur just for fun. Wir sind deshalb hier auch nicht auf Preis-
> gelder aus, nur zocken und Spaß haben."

Dass es dabei auch schon einmal zu einem richtigen Kräftemessen mit anderen Clans kommt, liegt gleichsam in der Natur der Sache. Aber diese Revier- und Lokalderbies sind keine harten Ausscheidungswettkämpfe, sondern eher eine neue Form von virtuellem Funsport. *„Bei den PGs (Pro-Gamern; W.V.) ist dies aber anders,"* versicherte uns Sebastian, *„da gehen richtige Clanwars ab."*

Angesprochen ist hiermit die besondere Wettstreit- und Konkurrenzsituation, wie sie für die professionell ausgerichteten PG-Clans bezeichnend ist. Für sie steht nicht mehr das zweckfreie Spielvergnügen im Mittelpunkt, sondern eine ausgeprägte Leistungs- und Gewinnorientierung. In täglich stundenlangen Trainingssitzungen und Taktikbesprechungen gilt es, ein Können und eine Perfektion zu erreichen, die auch einen entsprechenden Marktwert haben. Pro-Gamer spielen mithin auf einem sehr hohen Niveau, *„das sich auch entsprechend versilbern lässt,"* wie dies Lorenz, ein 24-jähriger Clan-Leader, sehr plastisch umschrieben hat. Gemeint sind damit zum einen die hohen Preisgelder, die mittlerweile auf den LAN-Events ausgelobt werden, und zum anderen die gut dotierten Sponsorenverträge der Spitzenspieler. Auch wenn ihre Profitorientierung ihnen in der LAN-Szene den kritischen Beinamen ‚Elite-Geier' eingetragen hat, ihr spielerisches Vermögen steht außer Frage. Dies wird durch so genannte ‚Clan-Fehden' noch gesteigert. Gemeint ist damit eine Art von Showkämpfen zwischen den Topteams, die oft auch in Online-Foren ausgefochten werden. Auf ihren Homepages darf deshalb der entsprechende ‚Clan-Wars-Link' nicht fehlen. Oder um nochmals Lorenz zu zitieren: *„Wins und Losts sind unser Aushängeschild."*

Die Veranstalter der großen LAN-Events wissen diese prestigeträchtigen Duelle zwischen den Clans sehr werbewirksam einzusetzen, in dem im Vorfeld des Turniers anhand schroffer, gleichwohl aber ironischer Bemerkungen bereits darauf Bezug genommen und für die richtige (Ein-)Stimmung gesorgt wird. Es ist nicht nur dieses Ballyhoo, das viele Parallelen zum professionellen Sportbetrieb aufweist, sondern auch – und in erster Linie – die zunehmende Kommerzialisierung, Differenzierung und Internationalisierung der Spielorganisation. So werden seit einiger Zeit die Ergebnisse der großen LAN-Turniere der World Wide Championchip of LAN Gaming (WWCL) mitgeteilt, wo eine Art Bundesligatabelle der besten Clans in Computerspieldisziplinen wie ‚Counterstrike', ‚Quake3' oder ‚Unreal' geführt wird. Michel Nachez und Patrick Schmoll (2002, S. 7) verweisen des Weiteren darauf, dass LAN-Events nicht nur in ihrer Infrastruktur internationalen Sportveranstaltungen immer ähnlicher werden, sondern auch in ihrem Selbstverständnis: „Seit die Ideale des Wettkampfsports (und zweifelsohne auch die Gefahr der Abweichung von ihnen) in die LAN-Wettkämpfe Einzug hielten, findet sich auch hier der Wille zum Siegen, der Kult des Sieges, aber auch der Mannschaftsgeists und die Vorstellung von Fair Play."

Ob sich die großen LAN-Turniere dauerhaft einen Platz im internationalen Sportgeschäft sichern können, bleibt abzuwarten.[5] Einstweilen gilt aber: Wie im Profi-Fußball handelt es sich auch bei den Pro-Gamern um eine kleine Gruppe von Spitzenspielern, die mit den jugendlichen Besuchern von LAN-Partys als einer neuen Form von ‚virtuellem Breitensport' nicht mehr allzu viel gemeinsam haben.

2.5 Exkurs: Vom Ego-Shooter zum Amokläufer?

Aus aktuellem Anlass soll noch kurz auf die Computerspiel-Problematik eingegangen werden und zwar unter der Fragestellung: Vom Ego-Shooter zum Amokläufer? Denn wie kaum ein anderes Ereignis hat die Amoktat eines 19-Jährigen in Erfurt im April 2002 die Diskussion um die Wirkung von Gewaltdarstellungen in Deutschland wieder neu entfacht. Vor allem nach dem bekannt wurde, dass der Todesschütze ein begeisterter Counterstrike-Spieler war, stand für viele fest: „Ein Computerprogramm der Firma Sierra Entertainment hat den Amokläufer von Erfurt trainiert" (FAZ v. 28.4.2002). Auch wenn wir zwischenzeitlich wissen, dass die Rolle der Medien allenfalls darin bestand, eine Art Drehbuch für die Tat geliefert zu haben und die eigentlichen Ursachen in einer Kette von Demütigungen, Ausgrenzungen und Anerkennungsverlusten liegen (vgl. Heitmeyer 2002), bleibt die Frage nach der Faszination – aber auch möglicher Gefährdungen – medialer Gewaltdarstellungen auf der Tagesordnung.

Sie führt jedoch gerade angesichts bestimmter dramatischer Gewaltereignisse immer wieder zu hoch emotionalen und polarisierenden

---

5 Daniel Tepe vom Arbeitskreis ‚Jugendszenen' an der Universität Dortmund (www.jugendszenen.com) verdanken wir den Hinweis auf eine sich abzeichnende Trendwende bei den LAN-Events: „Ich bin der Meinung, dass der Trend in Richtung Events bereits wieder rückläufig ist. Viele meiner Gesprächspartner aus der Szene gaben an, dass sie kleine Veranstaltungen (‚LAN-Partys') wegen der persönlicheren Atmosphäre bevorzugen. Und auch ein Blick in die Party-History auf www.planetlan.de scheint diese Tendenz zu bestätigen" (Mail vom 4.11.2002).

Diskursen nach dem Motto: „Wer Monstern in den Medien freien Lauf lässt, erzeugt am Ende Medienmonster" (Die Zeit v. 8.5.2002). Angesichts solcher Äußerungen ist Besonnenheit und Gegenstandsnähe gefordert. Wer sie aufbringt, wird insbesondere für die Ego-Shooter-Szene eine ganz andere Beobachtung machen: Zwar findet bei diesem Typus von Ballerspielen eine Konzentration auf die abgeschlossene Welt des Spielrahmens statt, jedoch nicht im Sinne einer Individualistenkultur ideosynkratischer Einzelgänger, sondern es handelt sich dabei, wie die stetig wachsende Zahl von LAN-Partys zeigt, um eine gruppensportliche Auseinandersetzung mit anderen Spielakteuren.

Hinzu kommt unter einer stärker emotionsanalytischen Perspektive, dass das Eindringen in die virtuellen Spielwelten und die Konzentration auf die Spielhandlung hohe Spannung – und auch Entspannung – erzeugen. Spielen lenkt vom Alltag ab und wird bisweilen sogar zur Therapie. Vor allem die Shooter-Spiele bieten die Möglichkeit, aggressive Impulse auszuagieren. Gerade bei männlichen Jugendlichen konnten wir immer wieder beobachten, wie aus Alltagserfahrungen resultierende negative Gefühle wie Angst oder Wut durch bestimmte Spieltypen und -praktiken absorbiert werden. Die virtuellen Kämpfe werden regelrecht zum Ventil, wie die folgenden Äußerungen von Ego-Shooter-Fans belegen:

> „Spielen heißt für mich relaxen. Vor allem wenn ich allein spiele, kann ich dabei wunderbar entspannen. Ich laufe durch einige Landschaften und ballere so rum, ohne an irgendwas zu denken. Da kann ich auch den ganzen Frust loswerden, der sich am Tag so angestaut hat" (Fabian, 15 Jahre).

> „Das klingt jetzt makaber, aber wenn du eine Figur abgeknallt hast und die so richtig zerfetzt wird, da geht bei mir Druck weg, das ist für mich Stressabbau. Man fühlt sich nach dem Geballere irgendwie lockerer, ausgeglichener" (Timo, 16 Jahre).

Auch wenn die Szenarien in den Computerspielen immer näher an der realen Welt ausgerichtet sind, in der Vorstellung der Spieler sind es fiktive Räume, und nur in ihnen sind die Gewaltexzesse erlaubt. Die dargestellte extreme Gewalt soll gerade eingeschlossen bleiben im Spiel-Raum. Die Mehrheit der Spieler besitzt davon ein klares Bewusstsein und zieht eine deutliche Grenze zwischen der virtuellen Kampfarena und dem, was jenseits des Spielfeldes passiert, zwischen den fiktionalen gewalttätigen Formen innerhalb des Spiels und einem freundschaftlichen Umgang miteinander außerhalb des Spiels.

Entgegen der These vom Distanzverlust, wonach unter dem Einfluss der Medien reale und fiktionale Räume zunehmend diffundieren, ist im Gegenteil die Differenz zwischen Virtualität und Realität nachgerade konstitutiv für die Medienkompetenz und die Erlebnisformen der jugendlichen Computerspieler. Keineswegs verlieren die gestandenen Spielefreaks den Kontakt zur Realität, auch permutieren sie nicht im Sinne des Graffiti: ‚Life is xerox, we are just a copy'. Vielmehr sind sie kompetente Pendler zwischen sozialen und medialen Welten und dies nicht selten mit einer Selbstverständlichkeit und Selbstsicherheit, die an Woody Allens Film ‚The Purple Rose of Cairo' erinnert, wo er seinen Helden aus der Leinwand treten und seine Heldin ins Imaginäre des cineastischen Spiels eintauchen lässt.

Mit Nachdruck ist an dieser Stelle festzuhalten: Zwischen gewaltdisponierten Jugendlichen resp. gewaltbereiten Gruppierungen und den jugendkulturellen Medienszenen – vor allem den hier näher untersuchten Computerspielern – liegen Welten. Diese Differenz zu ignorieren kann gefährliche Kurzschlüsse nach sich ziehen und zu wirklichkeitsfremden Zuschreibungen und schlimmen Diskriminierungen führen. Auch die Amoktat von Erfurt ist vor diesem Hintergrund sehr differenziert zu betrachten: „Eines ist unmissverständlich festzustellen: Ego-Shooter-Spiele generieren per se keine Amokläufer. Welche Macht- oder Ohnmachtsphantasien man auch immer am Bildschirm ausagiert haben mag, für das, was in der Realität passiert, sind die Gründe auch zuallererst in der Realität zu suchen" (Theunert u.a. 2002, S. 142).

3. Fazit: Medienkompetenz und selbstbestimmtes Lernen als Schlüsselqualifikationen

Neben der Fähigkeit zum selbstbestimmten und kommunikativen Handeln sollte in der sich immer deutlicher formierenden Wissens- und Informationsgesellschaft eine weitere Schlüsselqualifikation vermittelt werden: Medienkompetenz (vgl. Schell u.a. 1999). Denn gerade die neuen Informations- und Kommunikationstechnologien sind gegenwärtig – und verstärkt in der Zukunft – in vielen beruflichen aber auch privaten Lebenssituationen präsent und ihre Beherrschung wird für jeden eine unabdingbare Forderung. Immer häufiger wird diese Kompetenz deshalb in den Rang einer vierten Kulturtechnik gehoben. Das bedeutet, für künftige Generationen soll neben Lesen,

Schreiben und Rechnen auch der Umgang mit Computer und
Multimedia zu einer Selbstverständlichkeit werden

Abb. 1: Computer- und Internetnutzung nach Bildungsstatus
(Angaben in %).

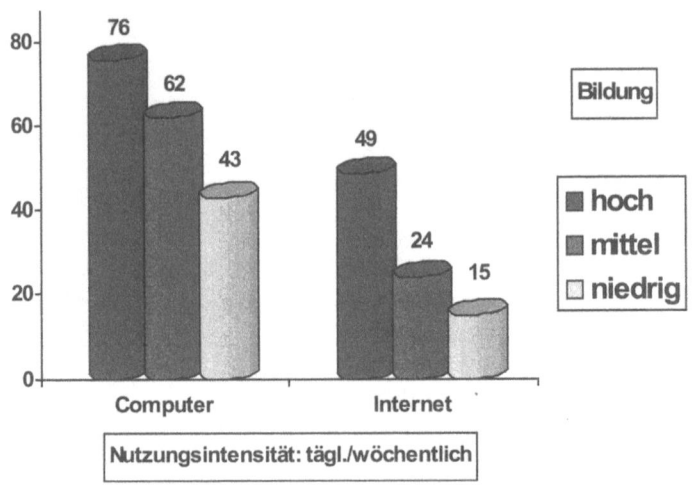

Auch wenn der Erwerb von Computer- und Internetqualifikationen zu
einer neuen, breit gefächerten Bildungsoffensive geführt hat, so profitie-
ren von entsprechenden Angeboten und Maßnahmen nicht alle Jugendlichen in gleicher Weise. Es sind nämlich in erster Linie die Bil-
dungsprivilegierten, die sich mit den neuen Medien besonders intensiv
beschäftigen. Die in der bekannten Medienthese der Wissenskluft (digital divide) zum Ausdruck gebrachte ungleiche Verteilung von Medienkompetenzen findet hier auf dramatische Weise Bestätigung, wie
die Ergebnisse unserer Jugendstudie zeigen (vgl. Vogelgesang 2001):
    Auch wenn zwischenzeitlich die Nutzung der IUK-Medien noch-
mals zugenommen hat (vgl. JIM 2003), es sind nach wie vor die bil-
dungsprivilegierten Jugendlichen, die sowohl über intensivere als auch
selektivere Aneignungsmuster verfügen. Dass gerade die Hauptschüler
die unfreiwillige Computer- und Internetabstinenz als enttäuschend
und resignativ erleben, ist in den Gesprächen mit den Jugendlichen
des Öfteren angesprochen worden: „An uns ist der moderne Medien-

Zug doch längst vorbeigefahren" – Originalton eines 15-Jährigen, der sich zum Befragungszeitpunkt auf Lehrstellensuche befand.

Neben schulischen Angebotsverbesserungen sind deshalb verstärkt auch im außerschulischen Bereich Maßnahmen und Projekte durchzuführen, die junge Menschen in breiter Front an das Internet heranführen. Hier ist Jugendarbeit in besonderer Weise gefordert, gleichsam als letzte Bastion einer nichtkommerzialisierten Wissens- und Kompetenzvermittlung. Mit zahlreichen Initiativen im Rahmen aktiver Medienarbeit trägt sie dem bereits Rechnung. Eine vielversprechende Maßnahme – gerade für die bisher auch stark benachteiligte Landjugend (vgl. Vogelgesang 2002) – stellen mobile Formen außerschulischer Medienpädagogik dar. Sie sind eine wichtige Ergänzung vorhandener stationärer Angebote in Schulen und Jugendeinrichtungen bzw. können mit diesen – ganz im Sinne der Philosophie des Internet – auch vernetzt werden. Sie sind aber auch eine wichtige, niederschwellige Anlaufstelle für all diejenigen, die bisher mit den neuen Medien noch nicht in Kontakt gekommen sind. Auf ein entsprechendes Modellprojekt sind wir in einem unserer Erhebungsgebiete (Landkreis Trier-Saarburg) aufmerksam geworden: „Mit dem neuen Kooperationsprojekt ‚webmobil' soll Medienpädagogik überall im Landkreis möglich werden. Schnell, modern und flexibel will der zum Computerterminal umfunktionierte Transporter vorhandene Lücken im medienpädagogischen Angebot, besonders im ländlichen Raum, schließen" (Steffen 2001, S. 12).

Aber es sind vielfach auch die Jugendlichen selbst, die vorhandene mediale Ungleichheiten – gleichsam in eigener Regie – in ihrer Freizeit bzw. in ihren Szenen kompensieren. So konnten wir bereits in unseren früheren Medien- und Jugendstudien (vgl. Eckert u.a. 1991; Wetzstein u.a. 1995) aufdecken, wie eigenwillig und in vielen Fällen auch kompetent sich die heutige junge Generation zu Hause, bei Freunden oder in Cliquen und (elektronischen) Gemeinschaften mit den neuen Medien auseinander setzt. Das Spielen auf untereinander (selbst)-vernetzten Computern setzt diese Form medialer Eigensozialisation nicht nur fort, sondern scheint sie noch zu forcieren, wobei die erworbenen Kompetenzen weit über den Spielrahmen hinausreichen können:

> „Die LAN-Szene ist eine Do-it-yourself-Szene, von Fans für Fans organisiert, wobei vom reinen Spieler bis zum Map-Programmierer, vom Clan-Leader bis zum Orga-Team vieles möglich ist. Und wer hier Kohle machen will, der kann das auch tun" (Rudi, 23 Jahre).

Die Art und Weise, wie sich in den unterschiedlichen Spielesettings
eine jugendkulturelle *Szene* organisiert und reproduziert, verweist auf
einen Typus von Handlungsfähigkeit resp. Meta-Kompetenzen, die in
der neueren bildungs- und berufssoziologischen Diskussion unter Begriffen wie Selbst-Ökonomisierung, entgrenzter Qualifikation oder
Arbeitskraftunternehmer gefasst werden (vgl. Voß 2000).

Die LAN-Szene repräsentiert aber nicht nur eine neue Form des
Qualifikationserwerbs, die weitgehend an der alltäglichen Praxis der
Jugendlichen angekoppelt ist, sondern sie ebnet in gewisser Weise
auch milieu- und herkunftsgebundene Bildungsunterschiede ein resp.
überspringt sie. Denn auf LAN-Partys finden sich Hauptschüler genauso häufig wie Realschüler und Gymnasiasten – eine Entwicklung,
die den beschriebenen Trend einer bildungsabhängigen Computer-
und Internetnutzung umzukehren scheint:

> „Auf LAN-Partys oder bei uns im Clan findest du vom Arbeiterjugendlichen
> bis zum Professorensprössling die unterschiedlichsten Jugendlichen. Spielen,
> Spaß haben und selber was auf die Beine stellen, nur das zählt. Dass man eine
> entsprechende PC-Ausstattung hat oder sich bastelt, versteht sich von selbst"
> (Moritz, 21 Jahre).

Die egalisierende Funktion der LAN-Szene zeigt sich nicht zuletzt
auch daran, dass die Klassenlage und das Bildungsniveau der Eltern
zwar einen dominanten Einfluss auf das Bildungsverhalten der Kinder
haben, aber diese Unterschiede sind nicht mehr signifikant bezüglich
der bildungsspezifischen Herkunft der jugendlichen LAN-Fans. Ein
Vergleich des Bildungsstatus der Eltern mit dem ihrer Kinder resp.
deren Zugehörigkeit zur LAN-Szene verdeutlicht dies:

Tabelle 3: Korrespondenzen zwischen dem Bildungsniveau der Eltern
(hier: des Vaters) und dem Bildungsstatus des Kindes resp.
seiner Zugehörigkeit zur LAN-Szene

			Jugendliche				
			Bildungsniveau des Kindes			Zugehörigkeit zur LAN-Szene	
			hoch	mittel	niedrig	ja	nein
Eltern	Bildungs- niveau des Vaters	hoch	75	19	6	25	75
		mittel	43	39	18	22	78
		niedrig	28	42	30	21	79

Auch wenn dieser Zusammenhang angesichts der erst wenige Jahre
existierenden jugendlichen LAN-Szene nicht überinterpretiert werden
darf, so deutet sich in diesen Befunden doch an, dass bildungs- und

medienkulturelle Kapitalien auf recht unterschiedlichen Wegen erworben werden können. Während die klassische Schulbildung nach wie vor von den Eltern regelrecht vererbt wird, scheint Medien-Bildung doch zunehmend auch szenevermittelt zu sein. Fraglos sind im Blick auf die befürchtete Spaltung der Gesellschaft entlang der Internet-Linie vielfältige Bildungsanstrengungen zwingend notwendig. Ansonsten ist es sehr wahrscheinlich, dass neue soziale Verwerfungen entstehen bzw. vorhandene vertieft werden. Aber dass bestimmte Jugendszenen ein Gegengewicht gegen die befürchtete Ausbildung einer „medialen Klassengesellschaft" (vgl. Jäckel/Winterhoff-Spurk 1996) darstellen können, ist auch deutlich geworden. Dass dabei Formen medialer Selbstsozialisation einhergehen können mit der Entwicklung und Förderung einer allgemeinen lebenspraktischen Handlungskompetenz – und zwar im Sinne einer szenegebunden Eigenökonomie, Selbst-Professionalisierung und Subsistenzsicherung –, zählt zu den vielleicht spannendsten Ergebnissen unserer Forschungen. Ob diese an grundlegenden Interessen und Notwendigkeiten ansetzenden jugendkulturellen Formen von „life politics" (vgl. Giddens 1997) und „spielerischem Unternehmertum" (Pfadenhauer 2000), wie sie gerade für flexible Erwerbsbiographien in nach-modernen Gesellschaften immer bezeichnender sind, letztlich erfolgreich sein werden, bleibt abzuwarten. Entsprechende Tendenzen jugendeigener Sub- und Existenzpolitik sind jedoch – gerade in den neueren medienzentrierten Jugendszenen – unübersehbar.

4. Literatur

Artelt, C./Demmrich, A./Baumert, J. (2000): Selbstreguliertes Lernen. In: Deutsches PISA-Konsortium (Hrsg.): PISA 2000. Leske + Budrich. Opladen.

Baumgärtel, T. (2002): Hol die Geiseln aus dem Keller. In: Die Zeit 1.8.2002, S. 35.

Bolz, N. (1995): Der Megatrend zum Bösen. In: Becker, U. u.a. (Hrsg.): Megatrends. Die wichtigsten Trends für die nächsten Jahre. Econ. Düsseldorf/München. S. 75-96.

Bourdieu, P. (1983): Die feinen Unterschiede. Suhrkamp. Frankfurt am Main.

Deinet, U./Reutlinger, C. (Hrsg.) (2003): ‚Aneignung' als Bildungskonzept der Sozialpädagogik. Leske + Budrich. Opladen.

Eckert, R./Vogelgesang, W./Wetzstein, T. A./Winter, R. (1991): Auf digitalen Pfaden. Die Kulturen von Hackern, Programmierern, Crackern und Spielern. Westdeutscher Verlag. Opladen.

Farin, K. (2001): generation kick.de. Jugendsubkulturen heute. Beck. München.

Giddens, A. (1997): Jenseits von Links und Rechts. Die Zukunft radikaler Demokratie. Suhrkamp. Frankfurt am Main.

Heitmeyer, W. (2002): Süchtig nach Anerkennung. In: Die Zeit. 19, S. 24.

Hepp, A./Vogelgesang, W. (2003): Populäre Events. Leske + Budrich. Opladen.

Hitzler, R./Bucher, T./Niederbacher, A. (2001): Leben in Szenen. Leske + Budrich. Opladen.

Hoffmann, D./Münch, T./Boehnke, K. (1999): Individualisierung und mediale Sozialisation. Die Attraktivität des Radios für Jugendliche. In: Fromme, J. u.a. Selbstsozialisation, Kinderkultur und Mediennutzung. Leske + Budrich. Opladen. S. 248-263.

Jäckel, M./Winterhoff-Spurk, P. (Hrsg.) (1996): Mediale Klassengesellschaft? Reinhard Fischer. München.

JIM (2003): Jugend, Information, (Multi-)Media. Medienpädagogischer Forschungsverbund Südwest (Hrsg.). Baden-Baden. Eigenverlag

Müller-Bachmann, E. (2002): Jugendkulturen revisited: Musik- und stilbezogene Vergemeinschaftungsformen (Post-)Adoleszenter im Modernisierungskontext. LIT. Münster.

Nachez, M./Schmoll P. (2002). Gewalt und Geselligkeit in Online-Spielen. In: kommunikation@gesellschaft, 5. Online Dokument [URL]: http://www.uni-frankfurt.de/fb03K.G/B5_2002_Nachez_Schmoll.pdf (10.6.2002).

Opaschowski, H. W. (1999): Generation @. Mairs. Hamburg.

Pfadenhauer, M. (2000): Spielerisches Unternehmertum. Zur Professionalität von Event-Produzenten in der Techno-Szene. In: Gebhardt, W./Hitzler, R. (Hrsg.): Events. Leske + Budrich. Opladen, S. 95-114.

Röll, F. J. (2003): Pädagogik der Navigation. Selbstgesteuertes Lernen durch Neue Medien. KoPäd. München.

Schell, F./Stolzenburg, E./Theunert, H. (Hrsg.) (1999): Medienkompetenz. KoPäd-Verlag. München.

Stauber, B. (2004): Junge Frauen und Männer in Jugendkulturen. Leske + Budrich. Opladen.

Steffen, M. (2001): Die große weite Welt auf vier Rädern. In: Trierischer Volksfreund vom 9.10.2001, S. 12.

Theunert, H./Demmler, K./Kirchhoff, A. (2002): Vom Ego-Shooter zum Amokläufer? In: Medien und Erziehung. 3, S. 138-142.

Tully, C. J. (1994): Lernen in der Informationsgesellschaft. Westdeutscher Verlag. Opladen.

Tully, C. J. (2002): Informalisierung und Kontextualisierung. Technische Netze im Alltag der „Generation @". In: DISKURS 2, 2002, S. 65-68.

Vogelgesang, W. (1999): Kompetentes und selbstbestimmtes Medienhandeln in Jugendszenen. In: Schell F./Stolzenburg, E./Theunert, H. (Hrsg.): Medienkompetenz. Kopäd-Verlag. München, S. 237-243.

Vogelgesang, W. (2001): „Meine Zukunft bin ich!" Alltag und Lebensplanung Jugendlicher. Campus. Frankfurt am Main/New York.

Vogelgesang, W. (2002): „Wir müssen surfen lernen." Ein Beitrag zur ungleichen Internetnutzung von Stadt- und Landjugendlichen. In: Medien Praktisch. 1, S. 38-43.

Voß, G. (2000): Unternehmer der eigenen Arbeitskraft – Einige Folgerungen für die Bildungssoziologie. In: Zeitschrift für Soziologie der Erziehung und Sozialisation. 2, S. 149-166.

Wetzstein, T. A. u.a. (1995): Datenreisende. Die Kultur der Netze. Westdeutscher Verlag. Opladen.

Bernhard Schmidt, Rudolf Tippelt

Multimediale Lernangebote und ihre Eignung für Jugendliche

Der Titel dieses Artikels verbindet zwei sehr unterschiedliche Begriffe. Der Terminus E-Learning gehört zu den Errungenschaften moderner Informations- und Kommunikationstechnologien die – beginnend mit den ersten Versuchen computerunterstützten Lernens vor etwa vier Jahrzehnten – mehr und mehr 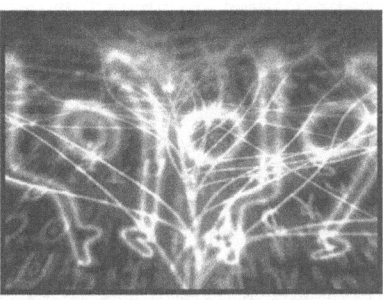 in aktuelle Konzepte des Fernunterrichts Einzug halten (vgl. Kleinschroth 1996). Aber auch ergänzend zur Präsenzlehre finden Internet und Multimedia zunehmend Verwendung. Der zweite angesprochene Begriff kann dagegen auf eine Jahrhunderte alte Historie zurückblicken und wird bereits seit der Zeit der Aufklärung definiert *„als Befreiung des Menschen zu sich selbst, zu Urteil und Kritik und ist gegen jede unreflektierte Anpassung an vorgegebene gesellschaftliche Situationen gerichtet"* (Tippelt 2003a, S. 33). Entscheidend für dieses Bildungskonzept ist folglich die Befähigung des Individuums zur Partizipation einerseits und die selbstbestimmte Wahrung persönlicher Integrität, gerichtet gegen aufoktroyierte und fremdbestimmte Ziele. Daraus lassen sich für die hier zu behandelnde Thematik zwei Konsequenzen ableiten: erstens widerspricht es dem hier verwendeten Bildungsbegriff exakte Inhalte von Bildung festzulegen, die dem Individuum nur mehr „eingepflanzt" werden und zweitens soll der Lerner zur Selbstinitiierung von Bildungsprozessen ermutigt werden. Das traditionelle Bildungsideal ist demnach mit selbstgesteuertem und selbstorganisiertem Lernen nicht nur vereinbar, sondern fordert dieses explizit. Wie im Folgenden zu zeigen sein wird bieten gerade neue Medien enormes Potential zur Einlösung dieses Anspruchs und werden darüber hinaus gerade von großen Teilgruppen der Jugendlichen mit enormer Selbstverständlichkeit verwendet.

1. Neue Medientechnologien sind Bestandteil des Alltags Jugendlicher

„Computer sind heute im Alltag von Jugendlichen fest verankert" (Medienpädagogischer Forschungsverbund Südwest 1997, S. 25). Zu diesem Fazit kommen die Forscher des Medienpädagogischen Forschungsverbunds Südwest bereits 1997. Seither haben Computer und Internet ihren Siegeszug in die Zimmer von Kindern und Jugendlichen fortgesetzt und auch in den Schulen Einzug gehalten. Nach der JIM-Studie 2002, die auf einer Repräsentativbefragung von über 1000 Jugendlichen im Alter von 12 bis 19 Jahren beruht, nutzen 93% der deutschen Jugendlichen mindestens einmal im Monat einen Computer (88% das Internet) und knapp die Hälfte von ihnen besitzt einen eigenen PC. Im Rahmen dieser Nutzung nehmen Internet- und Online-Dienste die Position der am häufigsten genutzten PC-Anwendungen ein. 56% der befragten Jugendlichen geben an täglich oder mehrmals in der Woche „online" zu sein, was sogar die Nutzung von Computerspielen (44%) deutlich übertrifft. Zu den beliebtesten Tätigkeiten im Netz gehören die Kommunikation via E-Mail und die Informations-Recherche, Anwendungen also, wie sie auch in virtuellen Lernszenarien eingesetzt werden. Das Internet ist bei den Jugendlichen in den letzten Jahren sogar zur wichtigsten Informationsquelle avanciert, wenn es um Musik oder Ausbildung und Beruf geht, aber auch zu den Themen Liebe oder Sport steht die Internet-Recherche an dritter Position nach Zeitschriften und Fernsehen. Allerdings nutzen nur 15% der Befragten regelmäßig Lernsoftware und Lernprogramme, was in starkem Kontrast zu den Lernaktivitäten in diesem Alter und der sonst so intensiven Nutzung Neuer Medien steht (vgl. Medienpädagogischer Forschungsverbund Südwest 2003).

Die Benutzung neuer Technologien scheint also per se noch nicht zu genügen, um die breite Masse jugendlicher Internet-Nutzer an Lernangebote heranzuführen. In den Schulen geschieht dies – so zumindest die Ansicht von über drei Vierteln der befragten Jugendlichen – noch viel zu wenig (vgl. Medienpädagogischer Forschungsverbund Südwest 2003).

Abb. 2: Internetaktivitäten Jugendlicher

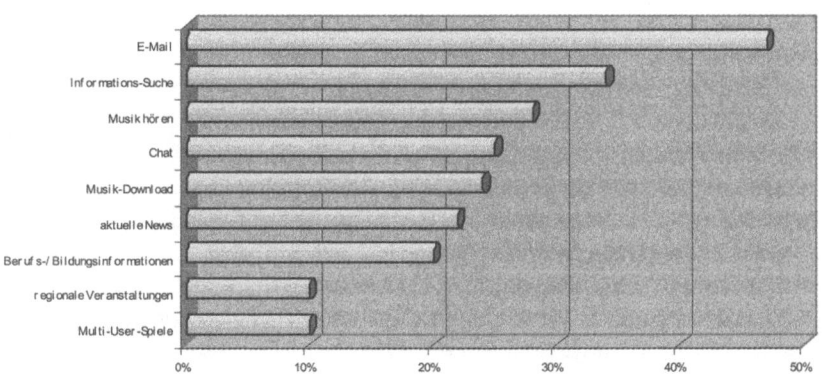

Quelle: JIM-Studie 2002

Es stellt sich folglich die Frage, wie virtuelle Lernumgebungen gestaltet werden müssen, um Jugendliche erreichen zu können und warum Jugendliche überhaupt Computer und Internet für den Wissenserwerb einsetzen sollten. Diesen beiden Fragen soll im Folgenden nachgegangen werden, wobei die These vertreten wird, dass nicht die eingesetzte Technik ausschlaggebend für Akzeptanz und Lernerfolg ist, sondern die zugrunde liegenden Vermittlungsstrategien.

2. Lernkompetenz ist eine zentrale Grundqualifikation

In der aktuellen Bildungsdebatte hat sich auch über die Grenzen Deutschlands hinaus immer mehr die Erkenntnis durchgesetzt, dass ein lebenslanges und kompetenzbasiertes Lernen eine wesentliche Voraussetzung für die Bewältigung der gesellschaftlichen und persönlichen Zukunft ist (vgl. Tippelt 2003b, S. 35; Achatz/Tippelt 2001). Diese Aussage gilt auch und insbesondere für Jugendliche, die den wandelnden Anforderungen der Arbeitswelt in Form der Konfrontation mit einem nachfrageorientierten Ausbildungs- und Arbeitsmarkt in besonderer Form ausgesetzt sind. Hier können Kompetenzen nicht nur die Chancen einer gelungenen Arbeitsmarktintegration erhöhen, sondern auch helfen, Brüche in der eigenen Berufsbiographie zu bewältigen (vgl. Schmidt/Tippelt in Druck). Der Begriff „Kompetenz" ist untrennbar mit erfolgreichem Handeln – also mit der Anwendung von Wissen und Fähigkeiten – verknüpft und lässt sich über diese Verbindung definieren.

> „Zusammenfassend kann Kompetenz als ein System von Voraussetzungen für erfolgreiches Handeln, also für Leistung definiert werden, das durch Übung und Lernprozesse beeinflussbar ist." (Tippelt, Mandl/Straka 2003, S. 358)

Die Expertengruppe des Arbeitsstab Forum Bildung (2001, S. 5) benannte folgende Kompetenzen als grundlegend für die Bewältigung der zukünftigen gesellschaftlichen Herausforderungen: intellektuelles Wissen, anwendungsfähiges Wissen, Lernkompetenz, methodisch-instrumentelle Schlüsselkompetenzen, soziale Kompetenzen und Wertorientierungen. Als zentrale Größe soll hier besonders auf die Lernkompetenz eingegangen werden, zumal die mit dieser Kategorie verbundenen Fähigkeiten und Wissensinhalte den Grundstock für selbstinitiierte und auf Eigeninitiative beruhende Bildungsprozesse bilden. Lernkompetenz umfasst nach Tippelt u.a. (2003, S. 358f.) die Fähigkeit zu selbstregulativem Lernen, die Fähigkeit in kooperativen Settings mit anderen Lernern gemeinsam Wissen aufzubauen, sowie „die Fähigkeit zum reflektierten Umgang mit (neuen) Medien" (ebd., S. 359). Diese zentralen Dimensionen der Lernkompetenz können insbesondere in problemorientierten Lernumgebungen, die sich an den Erkenntnissen konstruktivistischer Lerntheorie und dem Ansatz situierter Kognition orientieren, gefördert und aufgebaut werden (vgl. Achatz/Tippelt 2001, S. 124; Tippelt u.a. 2003, S. 359).

3. Die konstruktivistische Lernphilosophie bietet Impulse für die Jugendbildung

In den letzten 20 Jahren etablierte sich ein besonderer lerntheoretischer Ansatz – nicht zuletzt durch die Möglichkeiten des computergestützten Lernens – in der pädagogischen Diskussion. Der Konstruktivismus brachte neue Impulse in die Lernforschung, die gerade für die Bildungsprozesse Jugendlicher relevant sind, was eine detaillierte Darstellung dieser Theorie sinnvoll macht. Die konstruktivistische Lernphilosophie bricht mit der Annahme, Wissen könne durch eine angemessene Präsentation direkt in das Gedächtnis der Lernenden übertragen werden, wie sie von der kognitivistischen Lerntheorie propagiert wurde (vgl. Anderson 1996). Konstruktivisten gehen viel mehr davon aus, dass es kein objektives Wissen gibt, das personunabhängig existiert und von den Lernenden übernommen wird, sondern Wissensbestände immer individuell konstruiert werden und so immer an eine Person gebunden sind. Wissen ist also immer individuell und wird von den Lernenden immeraktiv neu konstruiert und nicht passiv und unverändert übernommen. Folglich existiert nach konstruktivistischer Auffassung auch kein falsches oder richtiges Wissen, sondern Erkenntnisse unterscheiden sich lediglich hinsichtlich ihrer Funktionalität in spezifischen Kontexten. Mit anderen Worten werden Wissensbestände solange als richtig anerkannt, solange sie sich in ihrer alltäglichen Anwendung bewähren und zu den gewünschten Ergebnissen führen, was aber nicht ausschließt, dass ein anderer Ansatz zu noch besseren Ergebnissen führen könnte. Neue Lösungsansätze werden im Austausch mit anderen generiert. Die Bestätigung einer Erkenntnis durch andere Personen, die zu demselben Ergebnis gelangt sind, sichert im konstruktivistischen Sinn die Objektivität dieser Erkenntnis. Dieser Austausch mit anderen dient nur der Überprüfung eigener Erkenntnisse an der Perspektive anderer und hat keinen direkten Einfluss auf die persönliche Wissenskonstruktion. Der menschliche Verstand wird im Konstruktivismus als in sich geschlossenes System gesehen, das zwar über die Sinnesorgane in Verbindung zur Außenwelt steht, eingehende Informationen aber nur selektiv und subjektiv aufnimmt. Demzufolge wirken z.B. auf zwei Individuen bei der Betrachtung des gleichen Gegenstands keineswegs die gleichen Eindrücke, sondern diese sind vom Vorwissen der Individuen, der Leistungsfähigkeit ihrer Sinnesorgane, ihrer aktuellen Befindlichkeit und vielem mehr abhängig (vgl. Glaserfeld 1985; Siebert 1998). Die so neu aufgenommenen und vorselektierten Informationen müssen in die bestehenden Wissensstrukturen eingebunden werden, um von der Person behalten zu werden und zu einem späteren Zeitpunkt reproduzierbar oder transferierbar zu sein. Mit dieser Aussage der konstruktivistischen Lerntheorie kommt dem Vorwissen eine besondere Bedeutung zu. Neue Inhalte können nur dauerhaft gespeichert werden, wenn sie sich in die bestehenden kognitiven Strukturen einbinden lassen oder zu einer Transformation dieser Strukturen in der Art beitragen, dass bereits vorhandenes Wissen und die neuen Informationen in einer veränderten kognitiven Anordnung gemeinsam integriert werden können. (vgl. Blumstengel 1998).

In seiner radikalen Ausprägung führt dieser Grundgedanke des Konstruktivismus letztendlich zu der Folgerung, dass Wissen unabhängig von äußeren Eindrücken konstruiert wird, was den Versuch

der Aufbereitung von Lerninhalten ad absurdum führen würde. Mit
anderen Worten: Wenn jedes Individuum seine Umgebung subjektiv
und anders wahrnimmt, ist eine Gestaltung dieser Umgebung nach
z.B. didaktischen Kriterien ebenso unsinnig wie alle instruktionalen
Bemühungen, da deren Wirkungen nicht vorhersehbar sind (vgl. Hoops
1998). Diese radikale Auffassung wird aber auch innerhalb der Konstruktivisten stark kritisiert. So vertreten die Anhänger des gemäßigten
Konstruktivismus, wie Siebert (1998) oder Mandl (1997), dass In-
struktion und die Aufbereitung von Inhalten nicht nur möglich, sondern ergänzend zu den kommunikativen Komponenten des Lernprozesses auch sinnvoll ist. Diese Vertreter der konstruktivistischen Idee
bieten somit Anschlussmöglichkeiten für die Erkenntnisse des Instructional Designs, die bereits umfangreiche Richtlinien zur Gestaltung von (insbesondere multimedialen) Lernumgebungen entwickelten (vgl. Khan 1997), und verknüpfen diese mit den zentralen Forderungen eines an der Kommunikation zwischen den Lernenden orien-
tierten konstruktivistischen Lernarrangements. Eine Folge der konstruktivistischen Ausrichtung von Lernsituationen ist aber eine veränderte Rolle der Lehrenden, die von Instrukteuren zu Lernberatern werden und primär die Aufgabe der Motivation und Aktivierung der Lernenden haben (vgl. Blumstengel 1998). Diese veränderte Rolle Lehren-
der kommt nicht zuletzt auch der jugendtypischen Ablehnung von Autoritäten entgegen. Im Sinne des gemäßigten Konstruktivismus wurden
verschiedene Ansätze zur Förderung von Wissensaufbau entwickelt, die
unter dem Schlagwort *situiertes Lernen* subsumiert werden können.

4. Jugendliche lernen situiert

Der Begriff des situierten Lernens wurde im deutschsprachigen Bereich vor allem von Heinz Mandl und Mitarbeitern geprägt, in der
internationalen Diskussion kursieren verschiedene Ansätze, die mit
dem *situated learning* in Verbindung gebracht werden und sich für jugendliche Bildungsprozesse in besonderer Weise eignen.
   Ausgehend von der konstruktivistischen Grundannahme, dass Wissen nicht einfach übermittelt sondern vom Jugendlichen aktiv konstruiert wird, kommt der Situation, in der dies geschieht eine große
Bedeutung zu. Die Situation, in der Wissen konstruiert wird, hat
Einfluss auf die so entstehenden Wissensinhalte. Wissen entsteht im
Zusammenspiel von personeninternen und personenexternen Fakto-

ren, wobei letztere auch als situative Faktoren beschrieben werden können. Lernen ist also immer an eine Situation gebunden[1] und wird von den jeweils gegebenen Bedingungen beeinflusst, ergo ist Lernen immer situiertes Lernen (vgl. Mandl u.a. 1997, S. 168). Die die Wissenskonstruktion prägenden situativen Komponenten müssen also optimiert werden, um Jugendliche zu unterstützen und den Aufbau anwendbaren Wissens zu fördern. Um dieses Ziel zu erreichen, sollten Lernkontexte den realen Anwendungssituationen möglichst ähnlich sein und so den Transfer des Gelernten in die Praxis sichern (vgl. Mandl u.a. 1999, S. 14) und – im Unterschied zu sonst verbreiteten Lernaufgaben – die Komplexität realer Problemsituationen widerspiegeln und sich nicht auf dekontextualisierte Ausschnitte dieser Realität beschränken. Aus diesen lerntheoretischen Überlegungen leiten Mandl u.a. (1997, S. 171) fünf Gestaltungsprinzipien für konstruktivistische Lernumgebungen ab:

– Ein *komplexes Ausgangsproblem* soll die Lernenden motivieren und deren Interesse an der geschilderten Problematik wecken.
– Die *Authentizität und Situiertheit* der geschilderten Situationen und deren Nähe zu realen Gegebenheiten ermöglicht neben der Konstruktion von Wissensstrukturen auch deren Anwendung in realitätsnahen Kontexten.
– Durch die Darbietung *multipler Kontexte* wird den Lernenden die Übernahme *multipler Perspektiven* ermöglicht und die Dekontextualisierung des Erlernten erreicht. Zusätzlich gewinnen die Lernenden einen Einblick in das Problemfeld aus Sicht verschiedener Positionen. Die verschiedenen Kontexte sollten möglichst auch an den individuellen Erfahrungsbereich der Lernenden anknüpfen, wodurch die Vielzahl variierender Kontexte mit der Heterogenität der Zielgruppe wächst (vgl. auch Blumstengel 1998).
– Die Artikulation und Reflexion von Problemlöseprozessen trägt zu einer weiteren Dekontextualisierung bei, indem anhand einer spezifischen Problemstellung allgemeinere und übergreifende Strukturen und Problemlösestrategien vermittelt werden (vgl. auch Blumstengel 1998)
– Während dieser Bearbeitung von authentischen Problemstellungen spielen Kooperation und Kollaboration der Lernenden untereinan-

---

1 Vgl. dazu auch Claus J. Tully in diesem Band und dessen Thesen zur Kontextualisierung (unter anderem Tully 2002).

der und der Austausch mit Experten eine entscheidende Rolle für den Lernerfolg. Mandl u.a. (1997, S. 171) fordern daher die besondere Förderung des *sozialen Austausches*.

Neben diesen – unter den Vertretern der situierten Kognition überwiegend einheitlich anerkannten – Forderungen, finden sich bei verschiedenen Autoren unterschiedliche Konzepte und Ideen zu deren Umsetzung in Lernsituationen. So betont beispielsweise Jean Lave die Bedeutung des kollegialen Diskurses in alltäglichen Situationen, während Barbara Rogoff stärker die Unterstützung der Lernenden durch einen kompetenteren Partner (z.B. Experten) einfordert und die Vertreter der Cognitive Flexibility Theory die Bedeutung der Übernahme multipler Perspektiven im Lernprozess betonen. Konsens besteht zwischen den verschiedenen Ansätzen in der Problematisierung des reinen Frontalunterrichts. Ausgehend von der Erkenntnis, dass die Lernsituation dem Anwendungskontext möglichst ähnlich sein sollte, um einen optimalen Transfer zu gewährleisten, kann Frontalunterricht nur ergänzend zu alternativen Lehrmethoden sinnvoll sein (vgl. Mandl/Winkler 2002, S. 30f.). Aus den unterschiedlichen Positionen entwickelten sich verschiedene Ansätze zur Gestaltung von Lernsituationen aus der Perspektive situierter Kognition (vgl. Mandl u.a. 1997, S. 169ff.), wovon zwei im Folgenden kurz skizziert werden.

5. Zwei Ansätze situierten Lernens, die sich gerade für Jugendliche eignen

Der Ansatz des *Cognitive Apprenticeship* gehört zu den wohl bekanntesten Formen situierter Lernumgebungen. Die von Collins u.a. (1989) entwickelte Strategie expertengestützten Lernens lehnt sich eng an die traditionelle Handwerksausbildung an, indem die Lernenden von Experten angeleitet und betreut werden. Diese Experten nehmen sich im Verlauf des Lernprozesses mehr und mehr zurück und agieren zunehmend im Hintergrund. Die Autoren des Cognitive Apprenticeship schlagen hierzu eine sechsstufige Abfolge von Lernmethoden vor, die sich am Wissensstand der Lernenden orientieren und mit der Beobachtung der Experten beginnt (Modeling), bevor die Lernenden unter der Anleitung der Experten deren Problemlösestrategien imitieren (Coaching). Während die Experten auch im dritten Lernschritt noch weitere Hilfestellungen für die Lernenden anbieten (Scaffolding), spielen sie in den darauf folgenden Schritten nur mehr eine untergeordnete Rolle. So sollen die Lernenden im Zuge der selbständigen Bearbeitung von Problemstellungen ihre kognitiven Strategien verbalisieren (Articulation) und mit den Strategien der Experten vergleichen (Reflection), um im letzten Schritt die erlernten Problemlöseverfahren auf andere Kontexte zu übertragen (Exploration) (vgl. Seel u.a. 1998, S. 91ff.). Neben dieser stufenweisen Lernmethodik ist die Sequenzierung der Lernschritte ein wesentliches Merkmal des Cognitive Apprenticeship, „wobei die Prinzipien der zunehmenden Komplexität, der zunehmenden Vielfalt und der Behandlung allgemeiner vor spezifischen Fertigkeiten betont werden" (ebd., S. 92f.). Der bisherige Einsatz dieses Konzepts für Jugendliche beschränkt sich zwar auf die Gruppe der Studierenden, eine Eignung auch für jüngere Jugendliche liegt aber gerade durch die Anlehnung an die traditionelle Lehrlings-Ausbildung nahe. Mit diesem Ansatz verbinden Collins und Mitarbeiter die Idee des situierten Lernens mit einem auf Expertenfertigkeiten beruhenden Modellernen, wobei der Kooperation der Jugendlichen – insbesondere mit den Experten – hier besondere Bedeutung zukommt.

Statt der Kooperation und Begleitung der Lernenden rückt der *Anchored Instruction* Ansatz stärker die Initiation des Lernprozesses durch eine authentische Problemstellung in den Vordergrund. Der von der Cognition and Technology Group in Vanderbilt entwickelte Ansatz geht von dem Problem aus, dass häufig Schüler nicht in der Lage sind Gelerntes auf andere Problemkontexte zu übertragen. Diese bereits geschilderte Ausgangsproblematik lässt sich auf den fehlenden Anwendungsbezug im Lernprozess zurückführen und kann durch eine Sensibilisierung der Lernenden für mögliche Anwendungskontexte des Erlernten vermieden werden.

> „In short, relevant knowledge was available to the uninformed subjects but this knowledge remained inert. The other researchers mentioned earlier have found similar examples of failures to utilize available and potentially valuable knowledge when subjects are not explicitly informed about its relevance for a particular task." (vgl. Bransford u.a. 1990, S. 119).

Aus dieser Erkenntnis leiten die Autoren des Anchored Instruction Ansatzes die Forderung ab, Lerninhalte direkt mit komplexen Problemstellungen zu verknüpfen und diese möglichst authentisch und anschaulich zu präsentieren. Die Problemstellungen sollten zu diesem Zweck in eine Rahmenhandlung und somit in einen realitätsnahen Kontext, den sogenannten Anker, eingebunden sein, um den Lernenden anhand dieser Rahmenhandlung die praktische Relevanz der Lerninhalte vor Augen zu führen. Darüber hinaus soll dieser Anker auch motivationale Effekte haben, und das Interesse der Lernenden am Lerngegenstand wecken und durch die sofortige Anwendung des Gelernten in einem praxisnahen Kontext den späteren Transfer in andere Problemsituationen sichern. Zu diesem Zweck eignet sich ein für die Zielgruppe – in unserem Fall die Jugendlichen – interessantes Thema, das mit einem übergreifenden Ziel verbunden wird und sich im Idealfall in verschiedene Einzelprobleme und Zwischenziele zerlegen lässt. Dieser Anker sollte die Aufmerksamkeit auf die zur Lösung des dargebotenen Problems relevanten Aussagen und Aspekte lenken und zugleich das Vorwissen der Lernenden ansprechen und aktivieren. Um diese Vorgaben zu erfüllen und vor allem authentische Situationen mit komplexen Problemstellungen zu präsentieren, eignet sich nach Aussage der Autoren die Darbietung in Form eines Videos am Besten. Als zentrale Vorteile von video-basierten Ankern werden die Präsentation umfangreicher Informationen, die Möglichkeit zur Darstellung dynamischer Prozesse, sowie die bessere Verankerung in realitätsnahe Kontexte angeführt (vgl. Bransford u.a. 1990).

Diese Forderungen beziehen sich speziell auf Lernumgebungen, die nach dem Prinzip der Anchored Instruction konzipiert wurden. Auch diese Lernform spricht durch den starken Lebenswelt- und Alltagsbezug gerade Jugendliche an, wobei darüber hinaus weitere Bedürfnisse der Zielgruppe Berücksichtigung finden müssen.

6. Lernumgebungen müssen den Bedürfnissen Jugendlicher angepasst werden

Unabhängig von der jeweiligen Konzeption verweisen zahlreiche empirische Studien auf Fehlerquellen und wesentliche Elemente multimedialer Lernumgebungen. Diese Befunde können in großen Teilen den Bemühungen des Instructional Design zugerechnet werden und widersprechen mit der ihnen zugrunde liegenden Intention der Optimierung von Wissenspräsentation den Ideen des radikalen Konstruktivismus. Aus der Perspektive der gemäßigten Konstruktivisten, welchen hier das Wort geredet werden soll, sind diese Erkenntnisse aber nicht nur zulässig, sondern nützlich und beachtenswert.

Zunächst sind bei der Gestaltung virtueller Lernarrangements – sowie in jeder Lernsituation – die Lern- und Lehrziele und die Zielgruppen zu definieren (vgl. Seufert u.a. 2001), sowie zu überprüfen, wie viel Vorwissen für den Einstieg in das Lernangebot erforderlich ist (vgl. Kerres 2001, S. 138ff.). Darüber hinaus müssen auch zeitliche und technische Rahmenbedingungen in der Konzeptionsphase Berücksichtigung finden und – als wohl wichtigster Schritt – ein didaktisches Design entworfen werden. Die diesbezüglichen Forderungen an konstruktivistisch orientierte Lernumgebungen, wurden bereits ausführlich dargestellt und wirken sich auch auf die Anforderungen an die Lernenden aus. Die Möglichkeit zu selbstgesteuertem Lernen impliziert höhere Anforderungen an die lernstrategischen Kompetenzen der Jugendlichen und deren Bereitschaft die Verantwortung für den eigenen Wissenszuwachs selbst zu übernehmen. Hier empfiehlt sich eine Ausrichtung an dem Entwicklungs- und Wissensstand der Jugendlichen und eine Berücksichtigung deren Erfahrungen mit selbstgesteuertem Lernen, um bei einem höchstmöglichen Maß an Lernerfreiheit dennoch eine Überforderung der Teilnehmer zu vermeiden (vgl. Schreiber 1998). Die Selbststeuerung spielt auch beim situierten Lernen eine wesentliche Rolle, wobei sich an diesem Ansatz ausgerichtete Lernangebote in besonderem Maße die Möglichkeiten neuer multimedialer Informationssysteme zu Nutzen machen, um die Authentizität der dargestellten Kontexte zu gewährleisten (vgl. Reinmann-Rothmeier/Mandl 2000). Dennoch sollten multimediale Elemente nicht in beliebiger Menge und unter allen Umständen zum Einsatz kommen. So zeigte sich in empirischen Untersuchungen die Eignung von Bildern und Animationen zur Darstellung komplexer Sachverhalte, aber ebenso die Gefahr der kognitiven Überforderung der Rezipienten durch eine zu exzessive Verwendung dieser Darstellungsmittel (vgl. Unz 1998). Auch die Verwendung gesprochener Texte wird als angenehme Abwechslung empfunden und unterstützt den Lernprozess, jedoch nur so lange die auditive Unterweisung sich mit geschriebenem Text abwechselt und diesen nicht völlig ersetzt (vgl. Brünken/Leutner 2001). Der Einsatz von Multimedia hat also Grenzen, wie diese nur beispielhaft ausgewählten Befunde belegen, und muss sich auch am didaktischen Gesamtkonzept orientieren.

Neben der multimedialen Aufbereitung von Inhalten, verweisen insbesondere Konstruktivisten auf die Bedeutung von Kommunikation und Kooperation in Lernsituationen, was insbesondere auch für virtuelle Lernumgebungen gilt. Die Kommunikation via Internet hat aber ihre eigenen Charakteristika und Probleme, die nur durch Berücksichtigung spezifischer Kommunikationsregeln („Netiquette") und eine aktive tutorielle Betreuung minimiert werden können (vgl.

Schulmeister 1999; Rossman 1999). Die besonderen Anforderungen
an die Tutoren, wie sie gerade durch die zusätzliche Verantwortung
im Kontext situierten und problemlösenden Lernens entstehen, werden im Folgenden anhand eines virtuellen Lernarrangements erläutert.

7. Das Projekt „Online-Lehrbuch Jugendforschung"

Seit dem Sommersemester 2002 wird unter der Leitung von Rudolf
Tippelt und Heiner Barz an den Universitäten in München, Düsseldorf und Freiburg parallel eine virtuelle Lehrveranstaltung zum Thema „Jugendforschung" angeboten. Diese basiert zum einen auf der
Präsentation der Inhalte in Form von einzelnen Lerneinheiten im
„Online-Lehrbuch Jugendforschung"[2] und zum anderen auf beglei-
tend dazu durchgeführten virtuellen Seminaren, die sich eng am Konzept des situierten Lernens orientieren. Das Online-Lehrbuch selbst
stellt verschiedene Themenbereiche der Jugendforschung in einzelnen
Modulen dar, die mittels einer Hypermediastruktur die einzelnen
Themenfelder anschaulich und leicht verständlich präsentieren und
durch multimediale Elemente jugendliche Lebenswelten relativ authentisch widerspiegeln. In diesem Rahmen werden beispielsweise
„Biologische und psychologische Grundlagen des Jugendalters", „Das
Problem der Generationen" und „Abweichendes Verhalten" thematisiert, sowie weitere 13 Module, wobei allerdings nur sechs der The-
mengebiete pro Semester bearbeitet werden können. Ziel der inhaltlichen Gestaltung des Online-Lehrbuchs ist die Vermittlung von
grundlegenden Charakteristika und Entwicklungsaufgaben des Jugendalters aus interdisziplinärer Perspektive, sowie die Vorstellung aktuel-
ler Forschungsbefunde und neuerer Entwicklungstrends hinsichtlich
der Lebensphase Jugend. Das auf diese Weise vermittelte Basiswissen
dient als Ausgangspunkt und Grundlage für die Bearbeitung der Ar-
beitsaufgaben, die im Rahmen des virtuellen Seminars in Kleingruppen zu bearbeiten sind. Im Sinne des situierten Lernens liefern diese
Arbeitsaufträge zugleich authentische Problemstellungen, die den Studierenden als Ausgangspunkt für die Auseinandersetzung mit dem
Online-Lehrbuch, eigene Recherchen und Online-Diskussionen dienen. Darüber hinaus umfassen die gestellten Aufgaben auch kleinere
Datenerhebungen, die die Studierenden selbst durchführen und aus-

---

2   Mehr zu diesem Projekt im Internet: http://www.online-lehrbuch.de

werten müssen, und münden letztendlich in eine gemeinsam erarbeitete Ergebnisdarstellung. Für die jeweils aktuellen Aufgaben haben die Studierenden zwei Wochen Zeit, um zu einer gemeinsamen Lösung in den Arbeitsgruppen zu gelangen. Die Kommunikation und Kooperation erfolgt dabei im Wesentlichen asynchron via Online-Forum, aber auch Präsenztreffen und Chat-Meetings werden von den Kleingruppen selbständig organisiert. Die Kommunikation über ein Online-Forum erwies sich auch in empirischen Studien bereits als geeignet, was nicht zuletzt auf eine hohe Akzeptanz seitens der Nutzer zurückzuführen ist (vgl. Funaro/Montell 1999). Verbindliche Präsenztreffen für alle Teilnehmer gibt es lediglich zu Beginn und zum Ende des Semesters, sowie erstmalig im Sommer 2003 auch einmal während des Semesters.

Diese didaktische Konzeption beruht sowohl auf einer gemäßigt konstruktivistischen Lernphilosophie, als auch auf zahlreichen empirischen Befunden in diesem Bereich. So zeigte sich bei einer Untersuchung von Bagharian und Thorngate (2002), dass virtuelle Diskussionsforen, die nicht mit expliziten Arbeitsaufträgen gekoppelt sind, von den Studierenden kaum genutzt werden und neben diesen Zielsetzungen auch die Motivation der Teilnehmer entscheidend ist. Ein weiteres, im Kontext Online-Kooperation bekanntes, Phänomen ist der Lurking-Effekt, der die häufig zu beobachtende massive Abnahme der Partizipation in Online-Seminaren bezeichnet (vgl. Hesse u.a. 1999). Dieser Entwicklung kann nur mit einem sinnvollen didaktischen Konzept entgegengetreten werden, wie es Dörr (1999) in Form von acht didaktischen Prinzipien entwickelte. Diesen wurde im Online-Seminar zur Jugendforschung durch die Unterstützung der Lerngruppen bei der Entwicklung von Lernstrategien, die Möglichkeit zu überwiegend selbstgesteuertem und problemorientiertem Lernen, sowie durch die Veranschaulichung der Inhalte mittels Multimedia Rechnung getragen. Darüber hinaus wurden auch Empfehlungen des kooperativen Lernens in Form von der Aufgabenbearbeitung in Kleingruppen (andere Autoren fordern Lerntandems) berücksichtigt und den Tutoren die Kontrolle über die verwendete Technik übertragen. Eine Trennung von Grundlagen- und Vertiefungswissen fand nur eingeschränkt statt, da die Inhalte des Online-Lehrbuchs primär Basiswissen vermitteln und ohnehin nur in Randgebieten vertieft in einzelne Thematiken einsteigen. Die wohl wesentlichste Forderung der kognitiven Lernforschung bezieht sich auf die Bereitstellung verschiedener Kommunikationstools und weiterer Hilfsmittel zur Unterstützung der Lernenden, was der Autor unter dem Begriff Lern-

strukturierung subsumiert und im Online-Lehrbuch in Form der Diskussionsforen, eines eigenen Nachrichtenprogramms, eines Chats und
einer Online-Hilfe realisiert wurde (vgl. ebd.). Zu der Strukturierung
eines Lernangebots zählen aber auch zeitliche Vorgaben, Gruppengrö-
ßen und andere organisatorische Rahmenbedingungen. Der im Seminar
zur Jugendforschung praktizierte zwei-Wochen-Rhythmus bezüglich
neuer Themen und Aufgaben hatte sich bereits in anderen virtuellen
Lernangeboten bewährt (vgl. Nistor 2000), allerdings lag die Größe der
Kleingruppen mit fünf bis sechs Personen leicht über der von üblichen
Gruppengröße von vier Personen (vgl. ebd.). Wesentlich zentraler ist –
was sich in zahlreichen Untersuchungen bestätigte – die tutorielle Begleitung während des gesamten Lernprozesses (vgl. ebd.; Rossmann 1999).

8. Die Evaluationsergebnisse sprechen für die Eignung von E-Learning für Jugendliche

Abb. 3: Abbrecherquote E-Learning

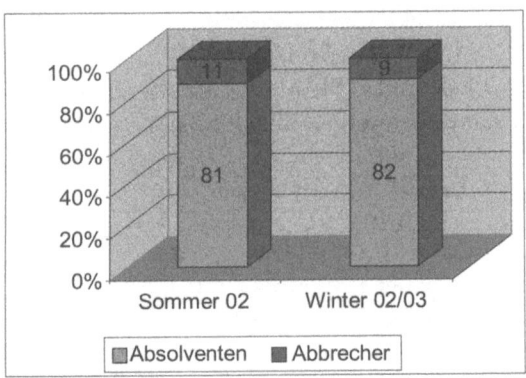

Quelle: Schmidt 2004

Die begleitende Evaluation des Online-Lehrbuchs setzte daher auch
einen Schwerpunkt auf die Akzeptanz der Teilnehmer gegenüber der
tutoriellen Betreuung. Im Rahmen dieser formativen Evaluation wurden seit Beginn der Veranstaltung im Frühjahr 2002 alle 143 Teil-
nehmerinnen und Teilnehmer mittels Fragebögen und in Gruppendiskussionen befragt. Die geringe Abbrecherquote in diesem Seminar
(13,8% bzw. 11,0%) belegt die hohe Akzeptanz der Studierenden gegenüber dem virtuellen Lernangebot und bestätigt die deutlich positi-

ven Ergebnisse der Befragung im Kontext der Akzeptanz. So gaben im ersten Semester 81,6% der Teilnehmer und im zweiten 95,6% an, dass ihnen die Arbeit mit dem Online-Lehrbuch Spaß gemacht habe. Diese hohe Akzeptanz wird zusätzlich von dem Befund untermauert, dass die Studierenden durchgängig deutlich mehr Zeit in das Seminar investierten als in vergleichbare Präsenzseminare, diesen höheren Aufwand aber durch einen subjektiv ebenfalls höher empfundenen Wissenszuwachs als gerechtfertigt und lohnend ansahen. Das im Verlauf des Seminars und im Zuge der Arbeit mit dem Online-Lehrbuch aufgebaute Wissen zu den Erkenntnissen der Jugendforschung wird von den Lernenden überwiegend als praxisrelevant eingeschätzt, was auf die problemorientierte Darbietung und Bearbeitung der einzelnen Themenfelder zurückgeführt werden kann. Darüber hinaus wurde von den Teilnehmern in den offenen Fragen auch mehrfach auf die implizit erworbene Medienkompetenz verwiesen, was von diesen Probanden als zusätzlicher wesentlicher Erfolg des Seminars verbucht wird.

Auch in dieser Untersuchung bestätigte sich die Bedeutung der tutoriellen Begleitung. Insbesondere in den Gruppendiskussionen wurde die angemessene Betreuung wiederholt als wesentliches Kriterium für den Erfolg der Online-Veranstaltung angeführt. Dabei zeichnet sich ein guter Tutor nach Aussagen der Befragten durch Präsenz und Zurückhaltung aus, mit anderen Worten er soll bei Unklarheiten, Fragen oder Problemen in der Gruppe möglichst rasch reagieren, ohne die Arbeit in den Gruppen häufiger als nötig zu stören. Neben der Tätigkeit der Tutorinnen und Tutoren schätzen die Probanden vor allem die zeitliche und örtliche Unabhängigkeit im Lernprozess. Die Probanden arbeiteten, wie sich aus den Logfile-Protokollen ablesen lässt, auch häufig noch nach 20 Uhr abends oder schon früh am Morgen, sowie am Wochenende, was im regulären Präsenzbetrieb an der Universität kaum möglich wäre. Die Kombination von den Vorteilen der Fernlehre mit einem didaktisch durchdachten Konzept sind somit wesentliche Grundlagen der hohen Akzeptanz gegenüber virtuellen Lehrveranstaltungen. Dabei darf allerdings nicht vergessen werden, dass der Erfolg von Online-Lehre eine einwandfrei funktionierende und benutzerfreundliche technische Plattform voraussetzt, wie sie für das Online-Lehrbuch Jugendforschung in Form der Lernplattform ILIAS vorliegt. Diese technische Funktionalität ist die Minimalvoraussetzung, aber in keineswegs ausreichend für den Lernerfolg.

Diese und weitere Befunde aus der Evaluation des Online-Lehrbuchs bestätigen unsere eingangs aufgestellte These, dass der Erfolg eines virtuellen Lernarrangements nicht durch den technischen Aufwand gesichert wird, sondern in erster Linie ein sinnvolles und an der Zielgruppe orientiertes didaktisches Konzept voraussetzt.

9. Jugendliche können mit E-Learning angesprochen werden

Die bisher dargestellten Befunde aus dem Projekt „Online-Lehrbuch Jugendforschung" wurden – wie auch ein Großteil der angesprochenen Erkenntnisse aus anderen Studien – im Kontext universitärer Lehre gewonnen und sind nicht per se auf andere Zielgruppen übertragbar. Jugend war hier primär Objekt der Wissensvermittlung, auch wenn die Studierenden durchaus noch als postadoleszente Jugendliche bezeichnet werden können. Gerade der Einsatz von, nach den Richtlinien des situierten Lernens gestalteten, virtuellen Lernumgebungen ist für die Zielgruppe Jugendliche noch wenig erforscht. Diese Altersklasse kommt mit Lernprogrammen bisher vor allem im schulischen Kontext in Kontakt (vgl. Medienpädagogischer Forschungsverbund Südwest 2003), jedoch lassen gerade hier die didaktischen Bemühungen noch viele Wünsche offen (Kandler 2002). Um die entsprechenden Lernressourcen für Jugendliche attraktiv zu machen bedarf es mehr einfacher Multiple-Choice-Fragen oder animierter Bildschirmseiten. Gerade Jugendliche können durch eine auf aktives, problemorientiertes und alltagsnahes Lernen ausgerichtete Lernumgebung motiviert werden, sich in Eigenaktivität und mit zeitlicher und örtlicher Flexibilität neue Wissensbereiche zu erobern.

Die Zielgruppe „Jugend" bringt zahlreiche Voraussetzungen mit, die dem Lernen mit neuen Medien sehr entgegenkommen. Dazu gehört zum einen der routinierte und in der alltäglichen Anwendung erprobte Umgang mit neuen Informations- und Kommunikationstechnologien, sowie ein breites Interesse an der Nutzung dieser Technik. Zum anderen dürfte gerade in dieser, von Ablösungsprozessen und einem starken Autonomiestreben geprägten Lebensphase (vgl. Hurrelmann 1999) das Interesse an Möglichkeiten zu selbstgesteuertem Lernen besonders hoch sein. Es gilt, dieses Potential durch angemessene Angebote zu nutzen und den Lernprozess durch ein der Zielgruppe angemessenes didaktisches Design und die notwendige tutorielle Unterstützung zu fördern. Die in virtuellen Seminaren gebräuchliche Arbeit in Kleingruppen an einer konkreten Problemstellung aus der Erfahrungswelt der Jugendlichen kann beispielsweise eine attraktive Ergänzung oder Alternative zum regulären Schulunterricht sein, aber auch für Bildungsmaßnahmen Jugendlicher in Vereinen, Verbänden oder der Jugendhilfe Verwendung finden.

10. Fazit

E-Learning-Angebote können über ein hohes Potential verfügen, wenn es um Bildungsangebote für Jugendliche geht. Voraussetzung hierfür ist aber eine hohes Maß an didaktischer Qualität und ein der Zielgruppe angemessenes Design. Gerade im Kontext virtuellen und vernetzten Lernens hat sich der Ansatz des situierten Lernens in den Universitäten und in der Erwachsenenbildung bewährt. Dieses – auf einer gemäßigt-kostruktivistischen Lernphilosophie basierende – didaktische Konzept zeichnet sich durch die Vermittlung anwendungsorientierten Wissens anhand authentischer Kontexte aus und bildet so für die Jugendlichen eine attraktive Alternative zum schulischen Frontalunterricht. Die hohe Akzeptanz, die bei Studierenden gegenüber dieser Lernform zu verzeichnen ist, ist auch bei Jugendlichen zu erwarten, zumal diese den Umgang mit Computer und Internet inzwischen selbstverständlich in ihren Alltag integriert haben. Es muss allerdings deutlich dem Vorurteil entgegengetreten werden, Lernangebote im Internet könnten personelle oder finanzielle Ressourcen einsparen. Gerade bei der hier favorisierten Methode des situierten Lernens ist eine intensive Begleitung und Unterstützung durch geschulte Tutoren unerlässlich und, ebenso wie die Bereitstellung inhaltlicher und technischer Ressourcen im Internet, die Grundlage dieser Form des Lernens. Die gerade im schulischen Bereich verbreiteten Lernprogramme sind auf den ersten Blick zwar bunt und facettenreich, basieren aber oftmals auf dem Ansatz des Programmierten Lernens und vernachlässigen die Verbindung zu realen Anwendungskontexten und die kooperative Wissenskonstruktion der Lernenden. Aus diesem didaktischen Defizit heraus lässt sich auch die mangelnde Nutzung dieser Lernressourcen erklären, wobei deshalb auch die sinnvolle Einbindung solcher Programme in den schulischen Unterricht in Frage gestellt werden muss. Nach den Erfahrungen im universitären Kontext und den Befunden zu den Bedürfnissen und dem Mediennutzungshabitus der Jugendlichen ist der Einsatz problemorientierter und alltagsnaher E-Learning-Angebote für Jugendliche vielversprechend. Dabei

dienen Internet und Multimedia aber lediglich der Umsetzung eines
didaktischen Konzepts und können weder als Selbstzweck noch als
hinreichende Grundlage für Lernerfolg gesehen werden, womit hier
die eingangs aufgestellte These erneut unterstrichen wird. Unter den
in diesem Artikel geschilderten Bedingungen und didaktischen
Grundzügen können Internet und Multimedia sicherlich neue Impulse in die Jugendbildung bringen, sowohl im schulischen als auch im
außerschulischen Bereich, was darüber hinaus aber auch Anforderungen an die Medienkompetenz der Lehrer bzw. Dozenten stellt.

11. Literatur

Achatz, M./Tippelt, R. (2001): Wandel von Erwerbsarbeit und Begründungen kom-
    petenzorientierten Lernens im internationalen Kontext. In: Bolder, A./Heinz, W.
    R./Kutscha, G. (Hrsg.): Deregulierung der Arbeit – Pluralisierung der Bildng? Les-
    ke + Budrich. Opladen. S. 11-127.
Anderson, J. R. (1996): Kognitive Psychologie. Spektrum. Heidelberg
Arbeitsstab Forum Bildung (2001): Kompetenzen als Ziele von Bildung und Qualifi-
    kation. Bericht der Expertengruppe des Forum Bildung. Online Dokument
    [URL]: http://www.forumbildung.de (30.12.2002).
Bagharian, F./Thorngate, W. (2002): Horses to Water: Student Use of Course News-
    groups. In: First Monday. Peer-Reviewed Journal on the Internet. Online Doku-
    ment [URL]: http://www.firstmonday.dk/issues/issue5_8/thorngate/ (13.5.2003).
Blumstengel, A. (1998): Entwicklung hypermedialer Lernsysteme. Wissenschaftlicher
    Verlag. Berlin.
Bransford, J. D./Sherwood, R. D./Hasselbring, T. S./Kinzer, C. K./Williams, S. M.
    (1990): Anchored Instruction: Why we need it and how technology can help. In:
    Nix, D./Spiro, R. (Hrsg.): Cognition, Education and Multimedia: Exploring ideas
    in high technology. Lawrence Erlbaum Associates. Hillsdale/New Jersey, S. 115-
    141.
Brünken, R./Leutner, D. (2001): Aufmerksamkeitsverteilung oder Aufmerksamkeits-
    fokussierung? Empirische Ergebnisse zur „Splitt-Attention-Hypothese" beim Ler-
    nen mit Multimedia. In: Unterrichtswissenschaft, 4. S. 357-366.
Collins, A./Brown, J. S./Newman, S. E. (1989): Cognitive Apprenticeship: Teaching
    the Crafts of Reading, Writing, and Mathematics. In: Resnick, L. B. (Hrsg.):
    Knowing, Learning and Instruction. Essays in the Honor of Robert Glaser. Law-
    rence Erlbaum Associates. Hillsdale/New Jersey, S. 453-494.
Dörr, G. (1999): Didaktisches Design multimedialer Lernumgebungen in der be-
    trieblichen Weiterbildung. In: Unterrichtswissenschaft, 1. S. 61-77.
Funaro, G. M./Montell, F. (1999): Pedagogical Roles and Implementation Guidelines
    for Online Communication Tools. In: Asynchronous Learning Networks Maga-
    zine2. Online Dokument [URL]: http://www.aln.org/publications/magazine/
    v3n2/funaro.asp (13.5.2003).
Glaserfeld, E. von (1985): Konstruktion der Wirklichkeit und des Begriffs der Objek-
    tivität. In: Carl Friedrich von Siemens Stiftung (Hrsg.): Einführung in den Kon-
    struktivismus. Oldenbourg. München, S. 1-26.

Hesse, F. W./Hoppe, H. U./Mandl, H. (1999): Netzbasierte Kommunikation in Gruppen. Antrag an die Deutsche Forschungsgemeinschaft auf Einrichtung eines Schwerpunktprogramms. Online Dokument [URL]: http://www.wissenskommunikation.de (10.1.2002).

Hoops, W. (1998): Konstruktivismus. Ein neues Paradigma für didaktisches Design? In: Unterrichtswissenschaft, 3. S. 229-253.

Hurrelmann, K. (1999). Lebensphase Jugend: eine Einführung in die sozialwissenschaftliche Jugendforschung. 6. Aufl. Juventa. Weinheim.

Kandler, M. (2002): Lernsoftware aus der Sicht von Schülerinnen und Schülern. Interesse- und lernmotivationsfördernde Aspekte. Peter Lang. Frankfurt am Main.

Kerres, M. (2001): Multimediale und telemediale Lernumgebungen. 2. vollst. überarbeitete Auflage. Oldenbourg. München.

Khan, B. H. (Hrsg.) (1997): Web-Based Instruction. Educational Technology Publications. Englewood Cliffs.

Kleinschroth, R. (1996): Neues Lernen mit dem Computer. rororo. Hamburg.

Mandl, H. (1997): Lernen in Computernetzwerken. In: Unterrichtswissenschaft 1. S. 2-3.

Mandl, H./Bruckmoser, S./Konschak, J. (1999): Problemorientiertes Lernen im Münchner Modell der Medizinerausbildung – Evaluation des Kardiovaskulären Kurses. (Forschungsbericht Nr. 105). Ludwig-Maximilians-Universität, Lehrstuhl für Empirische Pädagogik und Pädagogische Psychologie. München.

Mandl, H./Gruber, H./Renkl, A. (1997): Situiertes Lernen in multimedialen Lernumgebungen. In: Issing, L./Klimsa, P. (Hrsg.): Informationen und Lernen mit Multimedia. 2.Auflage. Psychologie Verlags Union. Weinheim. S. 166-177.

Mandl, H./Winkler, K. (2002): Neue Medien als Chance für problemorientiertes Lernen an der Hochschule. In: Issing, L./ Stärk, G. (Hrsg.): Studieren mit Multimedia und Internet. Ende der traditionellen Hochschule oder Innovationsschub? Waxmann. Münster. S. 31-48.

Medienpädagogischer Forschungsverbund Südwest (1997): Ergebnisbericht: Jugendliche und Multimedia. Eigenverlag. Baden-Baden.

Medienpädagogischer Forschungsverbund Südwest (2003): JIM-Studie 2002. Jugend, Information, (Multi-)Media. Basisuntersuchung zum Medienumgang 12- bis 19-Jähriger. Eigenverlag. Baden-Baden.

Nistor, N. (2000): Problemorientierte virtuelle Seminare. Gestaltung und Evaluation des KOALAH-Seminars. Herbert Utz. München.

Reinmann-Rothmeier, G./Mandl, H. (2000): Lernen mit Neuen Medien: Eine Chance für neue Konzepte und innovative Ziele. In Harteis, C./Heid, H./Kraft, S. (Hrsg.): Kompendium Weiterbildung. Aspekte und Perspektiven betrieblicher Personal- und Organisationsentwicklung. Leske+Budrich. Opladen. S. 176-187.

Rossman, M. H. (1999): Successful Online Teaching Using an Asynchronous Learner Discussion Forum. In: Journal of Asynchronous Learning Networks, 2. S. 91-97.

Schmidt, B. (2004): Virtuelle Lernarrangements für Studienanfänger. Didaktische Gestaltung und Evaluation des Online-Lehrbuchs Jugendforschung. Utz. München

Schmidt, B./Tippelt, R. (2003): Bildung zwischen Arbeitsmarkt und Lebenskompetenz – Was brauchen junge Menschen für die Zukunft? In: Faulde, J. (Hrsg.) (2003): Kinder und Jugendliche verstehen – fördern – schützen. Aufgaben und Perspektiven des Kinder- und Jugendschutz. Juventa. Weinheim. S. 231-260.

Schreiber, B. (1998): Selbstreguliertes Lernen: Entwicklung und Evaluation von Trainingsansätzen für Berufstätige. Waxmann. Münster.

Schulmeister, R. (1999): Virtuelles Lernen aus didaktischer Sicht. In: Zeitschrift für Hochschuldidaktik ZSfHD, 3. S. 1-27.

Seel, N. M./Al-Diban, S./Held, S./Hess, C. (1998): Didaktisches Design multimedialer Lernumgebungen. Theoretische Positionen, Gestaltungsprinzipien, empirische Befunde. In: Dörr, G./Jüngst, K. L. (Hrsg.): Lernen mit Medien. Ergebnisse und Perspektiven zu medial vermittelten Lehr- und Lernprozessen. Juventa. Weinheim. S. 87-120.

Seufert, S./Back, A./Häusler, M. (2001): E-Learning – Weiterbildung im Internet. Das „Plato-Cookbook" für internetbasiertes Lernen. SmartBooks Publishing. Kilchberg.

Siebert, H. (1998): Konstruktivismus: Konsequenzen für Bildungsmanagement und Seminargestaltung. Deutsches Institut für Erwachsenenbildung. Frankfurt am Main.

Tippelt, R. (2003a): Bildung als pädagogisches Anliegen. In: Lindner, W./Thole, W./Weber, J. (Hrsg.): Kinder- und Jugendarbeit als Bildungsprojekt. Leske + Budrich. Opladen. S. 33-47.

Tippelt, R. (2003b): Lebenslange Kompetenzentwicklung: Die Vernetzung von Schule, Erwachsenenbildung und Hochschule. In: Hessische Blätter für Volksbildung, 1. S. 35-46.

Tippelt, R./Mandl, H./Straka, G. (2003): Entwicklung und Erfassung von Kompetenz in der Wissensgesellschaft – Bildungs- und wissenstheoretische Perspektiven. In: Gogolin, I./Tippelt, R. (Hrsg.): Innovation durch Bildung. 18. Kongress der Deutschen Gesellschaft für Erziehungswissenschaft in München. Leske + Budrich. Opladen. S. 349-370.

Tully, C. J. (2002): Informalisierung und Kontextualisierung. In: DISKURS 2, 2002, S. 65-68.

Unz, D. (1998): Didaktisches Design für Lernprogramme in der Wissenschaftlichen Weiterbildung. In: Scheuermann, F. (Hrsg.): Studieren und weiterbilden mit Multimedia: Perspektiven der Fernlehre in der wissenschaftlichen Aus- und Weiterbildung. Bildung und Wissen. Nürnberg. S. 308-334.

Heike Schaumburg, Ludwig J. Issing

Entwicklung einer neuen Lernkultur durch den Einsatz von Laptops

1. Entwicklung einer neuen Lernkultur durch Computer?

Tiefgreifende gesellschaftliche Veränderungen, die sich unter Begriffen wie „Globalisierung", „Wandel
zur Informations- und Wissensgesellschaft", „explosionsartige Ver-
mehrung des Wissens" fassen lassen, stellen neue Anforderungen an
Bildung und Qualifizierung. Mit dem Ruf nach einer neuen Lernkultur wird in dieser Situation ausgedrückt, dass die traditionellen, in-
stitutionalisierten Formen des Lernens sowie die überkommenen
Konzepte und Methoden als nicht adäquat angesehen werden, um den
gegenwärtigen Herausforderungen zu begegnen. Charakteristisch für
die geforderte neue Lernkultur ist die Orientierung an einer konstruktivistischen Auffassung des Wissenserwerbs, d.h. Lehren und
Lernen soll den selbständigen Erwerb handhabbaren und intelligenten
Wissens fördern, das auf Zuwachs und Veränderung ausgerichtet ist.
Der Wissenserwerb soll situiert sein, d.h. in den Zusammenhang von
Handlungsmöglichkeiten und Handlungsverantwortung hineingestellt
werden (Forum Bildung 2001; Mandl/Winkler 2003). Zentrale
Kennzeichen der neuen Lernkultur sind Selbststeuerung, Kooperation
und Authentizität (vgl. dazu auch Tully in diesem Band). Den Medi-
en Computern und Internet wird eine Katalysatorfunktion für die
Veränderung von Unterricht zugeschrieben. Mit neuen Lernprogrammen sollen sie selbstgesteuertes, konstruierendes Lernen ermöglichen und über das Internet die Verfügbarkeit an authentischer, multi-
perspektivischer Information sowie die Kommunikation über die engen Grenzen das Klassenraums hinaus erleichtern (Kerres 2000; Pelgrum 2001). Die Expertengruppe des Forums Bildung (2001) führt
hierzu aus, dass die Integration von Computer und Internet Veränderungen der Lernkultur in verschiedenen Bereichen erwarten lässt:

- Die Verstärkung von *kooperativem Lernen* netzgestützt und offline, z.B. indem Computer im Projektunterricht gemeinsam genutzt werden und über den engen Rahmen des Klassenzimmers hinaus mit anderen Personen Kontakt aufgenommen wird (vgl. dazu auch Tulodziecki 1999; Kamke-Martasek 2001; Kerres 2000)
- Die Verstärkung von *problem-orientiertem Lernen* (z.B. das Arbeiten mit fall-basierten Computerlernprogrammen, Planspielen, Simulationssystemen oder dem World Wide Web als Informationssystem) im Rahmen projektbasierter Aufgabenstellungen (vgl. dazu auch Mandl/Winkler 2003)
- Die Veränderung des *Rollenverständnisses* von Lehrern und Schülern, weg vom Verhältnis Wissensvermittler – Rezipient hin zu einer stärkeren Gleichberechtigung, in der Lehrer die Rolle von Lernberatern und Schüler die Rolle eines Lernpartners einnehmen (vgl. dazu auch Scott u.a. 1992; Pelgrum 2001).

Nun wird der Einsatz von Informationstechnologien in der Schule seit über 30 Jahren propagiert, um eine Reform des Bildungssystems herbeizuführen. Doch trotz aufwändiger staatlicher und privater Initiativen sind Computer und Internet bisher nicht zum festen Bestandteil in deutschen Klassenzimmern geworden (Hunneshagen u.a. 2001), auch wenn Schulz-Zander (2001) zu bedenken gibt, dass es für eine abschließende Bewertung der zahlreichen momentan laufenden Initiativen noch zu früh ist.

Neue Hoffnungen werden seit Beginn der 1990er Jahre in den Einsatz tragbarer Computer in der Schule gesetzt (Haefner u.a. 1987; Owen/Lambert 1996; Robertson u.a. 1997). In diesen Projekten erhält meist jeder Schüler ein eigenes Gerät, das aufgrund seiner Mobilität sehr flexibel eingesetzt werden kann. Mobile Computer stehen den Schülern nicht nur für den Gebrauch in der Schule und zuhause zur Verfügung, sondern können auch in verschiedenen Fachräumen, in der Schulbibliothek oder bei Exkursionen eingesetzt werden. Laptop-Projekte lösen damit zwei Probleme, die sich in der Vergangenheit häufig als Hemmnis für die Integration von Computern in den Unterricht erwiesen haben: die im Vergleich zu anderen Ländern noch immer mangelhafte Computerausstattung vieler deutscher Schulen (in Deutschland teilten sich nach Angaben des BMBF im Jahr 2002 16 Schüler einen Computer) und die schlechte Zugänglichkeit der Geräte (die Mehrzahl der Computer an deutschen Schulen befindet sich in Computerräumen, zu denen Lehrer und Schulklassen oft nur nach vorherigen Absprachen/Reservierungen Zugang haben). Deshalb wird die Hoffnung in Laptop-Projekte gesetzt, endlich das Versprechen von einer Reform des Lernens einzulösen, das mit stationären Computern bisher nicht eingelöst werden konnte.

Eine besonders gute Gelegenheit, Veränderungen in der Lernkultur durch den Einsatz von Laptops zu evaluieren, bot sich im Rahmen eines zunächst vierjährigen Pilotversuchs an einem nordrhein-westfälischen Gymnasium, der von den Autoren im Rahmen einer wissenschaftlichen Begleitforschung beobachtet und dokumentiert wurde. Die Veränderungen des schulischen Lehrens und Lernens gehörten dabei zu den Leitfragen der Evaluation. Bevor ausführlich auf das Forschungsdesign eingegangen und Ergebnisse zur Veränderung der Lernkultur präsentiert werden, sollen im folgenden Abschnitt zunächst einige Rahmenbedingungen des Modellversuchs skizziert und insbesondere das pädagogische Konzept des Laptop-Projekts am Evangelisch Stiftischen Gymnasium in Gütersloh vorgestellt werden.

2. Der Pilotversuch „Notebook-Klassen – Lernen für die Zukunft"

Der Pilotversuch „Notebook-Klassen – Lernen für die Zukunft" war Teil eines Kooperationsprojekts des Evangelisch Stiftischen Gymnasiums in Gütersloh und der Bertelsmann Stiftung, das seit 1981 das Ziel verfolgt, aus der Schulpraxis heraus konkrete Beiträge zur Entwicklung eines Gesamtkonzepts für eine moderne Medienbildung zu entwickeln und Beiträge für eine Verbesserung des Lehrens und Lernens in der Schule zu erbringen (Bertelsmann Stiftung/Evangelisch Stiftisches Gymnasium 2001).

Das Laptop-Projekt wurde im Rahmen dieser Kooperation im Februar 1999 gestartet. Finanziert wurde der Modellversuch durch ein gemeinsames Beteiligungsmodell, das Sponsoring beteiligter Computer- und Softwarefirmen, gemeinnützige Zuwendungen durch die Bertelsmann-Stiftung im Rahmen des Projekts „Medien und Schule" und eine finanzielle Beteiligung der Eltern miteinander verband. Im Rahmen des zunächst auf vier Jahre begrenzten Modellversuchs wurden im Jahr 1999 jeweils zwei (ab dem zweiten Projektjahr drei) Klassen eines Jahrgangs der Klasse 7 mit Laptops ausgerüstet, die die Schüler im Unterricht und zuhause zum Lernen und Arbeiten nutzten. Die Geräte waren sowohl untereinander und mit einem schuleigenen Server vernetzt, darüber hinaus verfügten sie über einen Zugang zum Internet. Die Nutzung der Laptops im Unterricht erfolgte weitgehend „kabellos", d.h. die Geräte wurden mit Akkus betrieben und die Netzwerkverbindung wurde über Funk, bzw. Infrarot-Schnittstellen realisiert.

Aufgrund der überwiegend positiven Erfahrungen wird das Projekt über das Ende der Laufzeit des Modellversuchs fortgeführt. Die Nutzung von Laptops im Unterricht wurde auch in das Schulprofil des Evangelisch Stiftischen Gymnasiums aufgenommen (Engelen 2003). Die Projektschule verfügt über klare pädagogische Zielsetzungen zum Einsatz von Medien: Sie sollen genutzt werden, um Schülern (und Lehrern) Medienkompetenz zu vermitteln, um den Bezugs zur Lebens- und Alltagswelt der Schülerinnen und Schüler zu erhöhen und um das schulische Lehren und Lernen zu verbessern. Medieneinsatz wird also nicht als Selbstzweck gesehen, sondern soll immer bildungsunterstützend und nach dem Primat pädagogischer Zielsetzungen erfolgen. Im Laptop-Projekt werden diese Zielvorstellungen wie folgt konkretisiert (Engelen 2000, 2001a, b, c; Kerber 2001):

Wichtigste Grundüberlegung zur Vermittlung von *Medienkompetenz* ist, dass diese in erster Linie durch die konsequente Einbindung der Computernutzung in die traditionellen Unterrichtsfächer erreicht werden kann. Auf diese Weise sollen Schülerinnen und Schüler den Nutzen von Computer und Internet im Kontext vielfältiger fachbezogener Aufgabenstellungen und Inhalte erfahren. Die angestrebte Medienkompetenz zeichnet sich dadurch aus, dass den Schülern nicht nur der Umgang mit dem Gerät und mit bestimmter Standard- und Lernsoftware vermittelt wird, sondern dass sie befähigt werden sollen, Computer und Internet als sinnvolle Arbeitsmedien und Lernwerkzeuge zu begreifen und selbständig einzusetzen. Das Laptop-Projekt verfolgt hier explizit die Zielsetzung, Computer weniger als Lerngegenstand oder als Medium zur Darbietung kompletter Lernprogramme in den Unterricht einzuführen, sondern das Lernen *durch* den Computer in einem konstruktivistischen Sinn zu fördern. Besonderes Augenmerk wird bei der Vermittlung von Medienkompetenz auf die Förderung von benachteiligten Gruppen gelegt, also von Schülern, die sich gegenüber Technik zurückhaltender, langsamer und bedächtiger verhalten. Namentlich wird hier auf die Förderung der Mädchen Wert gelegt. Durch die Bereitstellung eines mobilen Computers für jeden einzelnen Schüler und für jede einzelne Schülerin wird eine selbstverständliche und kontinuierliche Nutzung innerhalb und außerhalb der Schule, auch in der Freizeit, angestrebt. Hinsichtlich des

Bezugs zur Lebens- und Alltagswelt sieht das Schulkonzept vor, Schülerinnen und Schülern zu verdeutlichen, wie sehr neue Medien, insbesondere der Computer, unsere Welt verändert haben und wie stark sie heute nahezu alle Prozesse des Alltags beeinflussen. Ziel von Medienerziehung unter diesem Aspekt ist es, die Schülerinnen und Schüler zur kritischen Reflexion über die neuen Medien anzuregen und zu einem mündigem Umgang mit ihnen anzuleiten. Es wird die Authentizität des Lernens angestrebt, übergeordnete Ziele sind jedoch Kritikfähigkeit und Mündigkeit.

Die reformpädagogischen Ausrichtung des pädagogischen Konzepts wird in den Zielsetzungen zur *Verbesserung des Lehrens und Lernens* besonders deutlich. Computer und Internet sollen dazu genutzt werden,

- die Anschaulichkeit und Verlebendigung des Unterrichts zu fördern,
- eine stärkere Differenzierung und Individualisierung zu ermöglichen,
- Lern- und Arbeitsphasen zu intensivieren,
- Teamarbeit zu verstärken und Kommunikation zu verbessern,
- eine gesteigerte Selbständigkeit bei der Bearbeitung und Lösung von Frage- und Aufgabenstellungen zu erreichen und
- die Schüler zur Übernahme von mehr persönlicher Verantwortung zu bewegen und ihre Einstellung zur Schule in Hinblick auf Kooperation und Zugehörigkeit zu einem umfassenden Schulleben positiv zu verändern.

Der Laptop soll in diesem Zusammenhang in seiner Funktion als Schreib- und Rechengerät und als Lern- und Recherchewerkzeug (CD-ROM und Internet) eingesetzt werden. Die Erleichterung von Kommunikation und Teamarbeit soll unter anderen durch die Vernetzung der Geräte erreicht werden. Zur Förderung von Selbständigkeit und Verantwortung erhalten die Schülerinnen und Schüler die Geräte zur schulischen und häuslichen Nutzung.

2.1 Begleitforschung zum Laptop-Projekt

Die Aufgabe der Begleitforschung bestand darin, die Auswirkungen der Nutzung von Laptops in der Schule wissenschaftlich zu begleiten und zu evaluieren. Die Begleitforschung wurde im Auftrag der Bertelsmann-Stiftung von den Autoren dieses Beitrags durchgeführt. In Abstimmung mit der Projektleitung, der Schulleitung sowie mit den Eltern und Lehrern der Schule wurden folgende evaluationsleitende Fragen formuliert:

- Welche unterrichtspraktischen Veränderungen bringt die Einführung von Laptops in den Schulunterricht?
- Wie beeinflusst der Laptop das Lernen der Schüler innerhalb und außerhalb des Unterrichts?
- Trägt die Nutzung von Laptops zum Erwerb von Schlüsselqualifikationen bei?
- Werden curriculare Lernziele durch den Einsatz von Laptops besser erreicht, kommen neue hinzu?

Zur Beantwortung dieser Fragen wurden im Rahmen der Begleitforschung fünf Teilstudien konzipiert:

- *Teilstudie 1:* Deskriptive Fragebogenuntersuchung
- *Teilstudie 2:* Explorative Interviews
- *Teilstudie 3:* Analyse von Unterrichtsbeobachtungen
- *Teilstudie 4:* Tests von Schlüsselqualifikationen
- *Teilstudie 5:* Fachleistungstests

Die Begleitforschung konzentrierte sich dabei auf die Nutzung der Laptops in den Fächern Mathematik, Deutsch und Englisch. Von Beginn des Projekts an wurde für diese Fächer verbindlich vereinbart, die Geräte intensiv im Unterricht einzusetzen. Im Verlauf des Projekts hat die Nutzung der Laptops Kreise gezogen und am Ende der beobachteten Laufzeit gab es kaum noch ein Fach, in dem nicht zumindest gelegentlich mit Laptops gearbeitet wurde.

Der vorliegende Artikel behandelt die Veränderungen der Lernkultur. Die hier berichteten Ergebnisse stützen sich auf die Teilstudien 1 bis 3. Ergebnisse zu den Teilstudien 4 und 5 kann der interessierte Leser dem Abschlussbericht der Evaluation entnehmen (Schaumburg/Issing 2002).

2.2 Methode

In der Lehr-Lernforschung wird seit einiger Zeit gefordert, qualitative mit quantitativen Herangehensweisen zu verbinden (Achtenhagen 1984; Mayring 1999; Renkl 1999). Die vorliegende Untersuchung verfolgt einen solchen multimethodischen und multi-perspektivischen Ansatz. Die Veränderungen des Unterrichts werden aus der Perspektive von Lehrern, Schülern und unabhängigen Beobachtern ermittelt. Methodisch wird die hoch- und niedriginferente Beobachtung des Unterrichts mit halbstandardisierten Befragungen (Interview) und standardisierten Befragungen (Fragebogen) kombiniert. Weiterhin verknüpft die Untersuchung ein längsschnittliches mit einem querschnittlichen Vorgehen. Der Unterricht wurde in denselben Klassen im Projektverlauf mehrfach beobachtet. Gleichfalls wurden Schüler und Lehrer wiederholt zu ihren Erfahrungen im Laptop-Projekt befragt. Auch dadurch sollte ein umfassender Einblick in den Integrationsprozess der Laptops in den Unterricht gewonnen werden.

An dem Projekt wurden im beobachteten Zeitraum vier Schülergruppen (Kohorten) beteiligt, die im Rahmen der vierjährigen Begleitforschung ein bis vier Jahre lang begleitet wurden (vgl. Tabelle 4). Insgesamt wurden während der Laufzeit des Modellversuchs mehr als 300 Schüler mit Laptops ausgestattet.

Tabelle 4: Evaluierter Projektzeitraum, Erhebungswellen und Untersuchungsinstrumente (FB: Fragebogen, I: Leitfaden-Interview, V: Unterrichtsbeobachtung [Video], T: Leistungs- und Schlüsselqualifikations-Tests). Grau unterlegte Spalten gingen nicht in die vorliegende Untersuchung ein.

	Schulj. 98/99		Schulj. 99/00			Schulj. 00/01				Schulj. 01/02			
Erhebungs-welle	März '99	Mai '99	Nov. '99	März '00	Juni '00	Sep. '00	Nov. '00	März '01	Juni '01	Aug. '01	Dez. '01	März '02	Juni '02
Unters.-Instr.	FB, I, V	I, V	FB, I, V	I, V, T	FB, T	FB, T, V	I, V	I, V, T	I, V, T	FB, I, V	I, V	I, V, T	I, V, T
Kohorte													
K1	Kl. 7	Kl. 7	Kl. 8	Kl. 8	Kl. 8	Kl. 9	Kl. 9	Kl. 9	Kl. 9	Kl. 10	Kl. 10	Kl. 10	Kl. 10
K2			Kl. 7	Kl. 7	Kl. 7	Kl. 8	Kl. 8	Kl. 8	Kl. 8	Kl. 9	Kl. 9	Kl. 9	Kl. 9
K3					Kl. 7	Kl. 7	Kl. 7	Kl. 7	Kl. 8	Kl. 8	Kl. 8	Kl. 8	
K4										Kl. 7	Kl. 7	Kl. 7	Kl. 7

Die in diese Untersuchung einbezogenen Daten wurden in zehn Erhebungswellen zwischen März 1999 und September 2001 an der
Projektschule ermittelt. Tabelle 5 gibt einen Überblick über die Tei-
luntersuchungen.

Tabelle 5: Teilstudien der Evaluationsuntersuchung

Teilstudie	Design	Untersuchungs-instrument	Stichprobe	Befragungszeit-punkt
Teilstudie I: Quantitative Schülerbefragung	Voruntersuchung und wiederholte Messungen	Fragebogen	alle Laptopschüler aus Kohorte 1-3 (N = 224)	vor Beginn des Projekts und je-weils am Ende eines Schuljahrs (1999-2001)
Teilstudie II: a) Qualitative Schülerbefragung	Wiederholte Befragung (Schülergruppen à 4 Schüler)	Leitfaden-gestütztes Interview	60 Laptopschüler (15 Gruppen) aus Kohorte 1, 2 und 3	9 Zeitpunkte uber den Erhebungs-zeitraum verteilt (1999-2001)
b) Qualitative Lehrerbefragung	Wiederholte Befragung (Einzelinterviews)	Leitfaden-gestütztes Interview	35 Interviews mit 20 verschiedenen Lehrerinnen und Lehrern aus Kohorte 1-3	9 Zeitpunkte über den Erhebungs-zeitraum verteilt (1999-2001)
Teilstudie III: Unterrichts-beobachtung	Kontrollgruppen-design (Stunden mit vs. ohne Lap-top) mit wieder-holten Messun-gen (nur Laptop-klassen)	Video-Aufzeichnung von Unterrichts-stunden	45 Unterricht-seinheiten (24 mit Laptop, 21 ohne Laptop) aus Kohorte 1-3	10 Zeitpunkte über den Erhe-bungszeitraum verteilt (1999-2001)

Teilstudie 1 bestand in einer quantitativen Befragung der Schüler zur
Nutzungshäufigkeit der Laptops im und außerhalb des Unterrichts
und zum Einsatz von Software. Weiterhin wurde von den Schülern
die Beurteilung verschiedener Unterrichtsmerkmale (Arbeitsformen,
Schwierigkeit, Anschaulichkeit) und die Akzeptanz des Projekts erho-
ben. Vor Projektbeginn wurden die Schüler zu ihrer aktuellen Computernutzung und zu ihren Erwartungen an das Projekt befragt. Die
Items, die den Schülern vorgelegt wurden, waren auf der Grundlage
der Zielsetzungen des Projekts und basierend auf in anderen Untersuchungen gefundenen Ergebnissen formuliert. Insgesamt gingen 224
Fragebögen von Schülern der ersten drei Kohorten in die Untersuchung ein.

Teilstudie 2 bestand in einer leitfadengestützten Befragung von
Lehrern und Schülern. Es wurden 35 Interviews mit 20 an dem Pro-

jekt teilnehmenden Lehrerinnen und Lehrern der Fächer Mathematik,
Deutsch und Englisch geführt. Mit den Schülern sind 15 Gruppen-
Interviews geführt worden, an denen jeweils zwei Mädchen und zwei
Jungen einer Schulklasse teilnahmen. Tabelle 6 zeigt die Verteilung
der Interviews auf die Fächer und die Kohorten.

Tabelle 6: Verteilung der Interviews

		Kohorte			Gesamt
		K1	K2	K3	
Lehrer-	Englisch	4	5	1	10
interviews	Deutsch	5	6	1	12
	Mathe	5	5	3	13
Gesamt		14	16	5	35
Schüler-					
interviews		8	6	1	15

Die Interviews wurden transkribiert und angelehnt an das Verfahren
der qualitativen Inhaltsanalyse nach Mayring (2000) ausgewertet. Dabei wurde auf der Grundlage der Evaluationsleitfragen ein vorläufiges
Kategoriensystem entwickelt und in einem ersten Analyseschritt aus-
differenziert. Die Auswahl und Zuordnung der Textpassagen zu den
Kategorien wurde von zwei Codiererinnen vorgenommen, die in einem gemeinsamen Aushandlungsprozess über Kernaussagen der Texte
und Formulierung der Kategorien zu befinden hatten. Bei Nicht-
Übereinstimmung der beiden Codiererinnen wurde eine dritte Codie-
rerin hinzugezogen. Abschließend wurde für jede Kategorie eine kom-
primierte Kernaussage formuliert. Im zweiten Analyseschritt wurden
alle Interviews nochmals von zwei Auswerterinnen unabhängig voneinander codiert, wobei relevante Textstellen der Interviews den jeweiligen Kernaussagen zugeordnet wurden. Die Beurteilerübereinstimmung betrug im Mittel 75% für die Lehrerinterviews und 72%
für die Schülerinterviews.

Teilstudie 3 umfasst 45 Mitschnitte von Unterrichtsstunden der Fächer Mathematik, Deutsch und Englisch, die an neun Zeitpunkten
jeweils im Abstand von zwei bis sechs Monaten über den Untersu-
chungszeitraum verteilt aufgezeichnet wurden. Die Video-Beobach-
tungen wurden nur bei den Laptopklassen durchgeführt. Auch in diesen Klassen gab es immer wieder Unterrichtsstunden, in denen der
Laptop nicht benutzt wurde, so dass das Datenmaterial vollständig aus
den Laptopklassen gewonnen werden konnte. Das heißt, dieselben
Klassen wurden dabei zum großen Teil mehrfach im Unterricht mit

und ohne Laptop beobachtet. In 24 Unterrichtsstunden wurde dabei
mit Laptop und in 21 Stunden ohne Laptop gearbeitet. Der Großteil
der Unterrichtsbeobachtungen stammt aus den Klassen 7 und 8. Die
Videountersuchung spiegelt also vornehmlich die Veränderungen in
den zwei Anfangsjahren der beobachteten Kohorten wider. Einen
Überblick über die Videoaufnahmen gibt Tabelle 7.

Tabelle 7: Verteilung der Videoaufzeichnungen von
            Unterrichtsstunden auf Fächer und Klassenstufen (N)

Laptopnutzung	Fach	Klasse 7	Klassenstufe Klasse 8	Klasse 9	Gesamt
mit	Englisch	4	3	1	8
Laptopnutzung	Deutsch	5	4	1	10
	Mathe	3	2	1	6
	Gesamt	12	9	3	24
ohne	Englisch	4	1		5
Laptopnutzung	Deutsch	5	3	1	9
	Mathe	2	3	2	7
	Gesamt	11	7	3	21

Die Unterrichtsmitschnitte wurden mit einem kombinierten Verfahren aus niedrig- und hochinferenten Beobachtungen analysiert. Als
„niedriginferent" wird eine Beobachtung dann bezeichnet, wenn sie
auf die Aufzeichnung gut beobachtbarer und mehr oder minder eindeutig definierbarer einzelner Verhaltensweisen abzielt. Die „hochinferente" Beobachtung strebt dagegen eine ganzheitliche Bewertung
von Verhalten innerhalb komplexer Situationen an.

Die Mediennutzung (Tafel, OH-Projektor, Video, Arbeitsheft,
Laptop usw.) im Unterricht und die Sozialformen wurden niedriginferent analysiert. Jede Unterrichtsstunde wurde für die Codierung in
maximal neun 5-Minuten-Intervalle zergliedert. Anhand eines Beo-
bachtungsbogens wurden für jedes Intervall diejenigen Laptopnutzungen und Sozialformen festgehalten, die in diesem Intervall dominant
hervortraten. Die Beobachtung wurde unabhängig von zwei Codiererinnen durchgeführt. Die Beurteilerübereinstimmung lag mit zwischen .74 und .99 im befriedigenden bis sehr guten Bereich.

Für die Analyse der qualitativen Unterrichtsmerkmale wurde ein
Raster zur hochinferenten Unterrichtsbeobachtung erstellt. Bei der
Konstruktion lagen die Interviewäußerungen und die Evaluationsleitfragen zugrunde. Jede Methodendimension wurde durch mehrere Beobachtungsitems erfasst. Die gesamte Unterrichtsstunde wurde an-

hand dieser Items auf einer sechsstufigen Ratingskala beurteilt. Die hochinferente Analyse wurde unabhängig von drei Codiererinnen durchgeführt. Erwartungsgemäß wiesen die Ergebnisse eine geringere Reliabilität als die der niedriginferenten Beobachtung auf. Items, deren Reliabilität unter .60 lag, wurden von der Analyse ausgeschlossen. Die resultierenden Beobachtungsitems haben eine Reliabiltät von zwischen .61 bis .81 und liegen damit im ausreichenden bis guten Bereich.

3. Ergebnisse

An dieser Stelle werden aus allen drei Teilstudien ausgewählte Ergebnisse berichtet, die für die Frage nach der Veränderung der Lernkultur relevant sind. Dabei werden in Anlehnung an die eingangs vorgestellten Bereiche der Veränderung von Lernkultur (vgl. dazu auch Meyer 1987) drei Ebenen des Unterrichts genauer betrachtet:

– die Ebene der *Sozialformen*, d.h. die äußerliche Strukturierung der Schülerarbeit durch den Lehrer als Frontalunterricht, Gruppen-, Partner- oder Einzelarbeit
– die Ebene der *Handlungsmuster*, d.h. die konkreten Formen, Verfahren und subjektiven Wahrnehmungen von unterrichtsbezogenen Lehrer- und Schülertätigkeiten
– die Ebene des *Rollenverständnisses*, d.h. die Selbstwahrnehmung des Lehrers als Wissensvermittler vs. Lernberater und die der Schüler als Rezipienten vs. aktiven Partnern im Lernprozess

Eine vollständige Darstellung der Ergebnisse findet sich bei Schaumburg/Issing (2002) sowie Schaumburg (2003).

3.1 Nutzung der Laptops

Bevor auf die Dimensionen der Lernkultur eingegangen wird, seien zunächst einige Ergebnisse zur Nutzung der Laptops berichtet, um dem Leser eine Vorstellung über Häufigkeit und Einsatz der Laptops im Unterricht zu geben.

Erwartungsgemäß ist die Häufigkeit der Computernutzung, wie in anderen Studien zum Einsatz mobiler Computer im Unterricht (Abrams 1999; Bruck u.a. 1998; Robertson u.a. 1997; Rockman u.a. 1998), mit der Einführung von Laptops stark angestiegen. Während

die Mehrheit der Schüler in der Vorbefragung angab, den Computer
sowohl im Unterricht als auch für die Hausarbeiten maximal 1- bis 6-
mal im Schuljahr genutzt zu haben (Median = 2; „1- bis 6-mal im
Schuljahr"), berichteten die Schüler während der Projektlaufzeit in
allen Kohorten und kontinuierlich über alle Schuljahre hinweg, dass
sie mehrmals pro Woche, wenn nicht gar täglich in der Schule mit
Laptops arbeiteten (Median = 5-mal; „mehrmals pro Woche"). Für die
Hausaufgaben stieg die Nutzung in ähnlicher Weise von seltener Nutzung (Median = 2-mal) auf wöchentliche, bzw. beinahe wöchentliche
Nutzung (Median = 5-mal im ersten Projektjahr; Median = 4-mal im
zweiten Projektjahr).[1]

Abb. 4: Mittelwerte der Häufigkeit verschiedener Laptopnutzungen
im Schulunterricht für Kohorte
(Ergebnisse der Schülerberfragung)

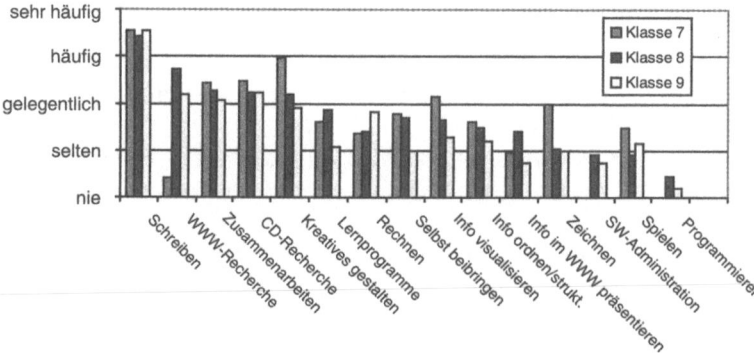

Ebenfalls übereinstimmend mit anderen Untersuchungen, insbesondere aktuellen Laptopstudien, wurde gefunden, dass Anwendungssoftware und das World Wide Web in seiner Funktion als Informati-
onsmedium gegenüber Lernsoftware, die für spezifische Inhalte entwickelt wurde, in der Nutzung Vorrang hat. Dies belegen sowohl die
Ergebnisse der quantitativen Schülerbefragung, wie auch der Interview-
befragungen bei Schülern und Lehrern. Dabei konnte die dominante
Nutzung des Computers als Schreibwerkzeug (Abrams 1999; Bruck
u.a. 1998; Hill u.a. 2001; Rockman u.a. 1998) repliziert werden. Der

---

1   Fehlende Säulen für Klasse 7 sind dadurch entstanden, dass einige Items erst zu ei-
     nem späteren Zeitpunkt in den Fragebogen eingefügt wurden.

Einsatz von inhaltsgebundener Lernsoftware, z.B. von Drill-and-Practice-Programmen und tutoriellen Systemen, kam im Unterricht nur gelegentlich bis selten vor (vgl. Abb. 4). Ein Grund hierfür kann in der Zugänglichkeit dieser Software gesehen werden. Die Interviewbefragung ergab, dass fachspezifische Lernsoftware im vorliegenden Projekt nur in begrenztem Umfang zur Verfügung stand. Die Lehrer gaben hierzu an, dass sie für die behandelten Unterrichtsthemen in vielen Fällen keine Lernsoftware hätten finden können, die ihren Ansprüchen genügte.

Die Videobeobachtung zeigt, dass der Einsatz von Laptops zu einer generellen Abnahme der Nutzung anderer Medien führt. Der Laptop-Unterricht ist stärker monomedial vom Computer dominiert, während der traditionelle Unterricht durch einen Medienmix gekennzeichnet ist, bei dem Tafel und Arbeitsheft am relativ häufigsten genutzt werden (vgl. Abb. 5).

Abb. 5: Mediennutzung (Anzahl der 5-Minuten-Intervalle) in Unterrichtsstunden mit und ohne Laptopeinsatz

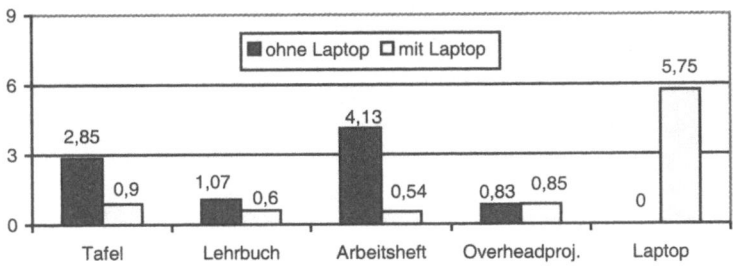

Aus den Befragungen bei Lehrern und Schülern lassen sich zwei Gründe für diese Veränderung im Muster der Mediennutzung ableiten. Einerseits übernimmt der Computer durch sein multimediales Potenzial die Funktion mehrerer Medien im Unterricht. So wird aus den Interviews deutlich, dass er Tafel und Lehrbuch in ihrer Veranschaulichungsfunktion ersetzt. Gleichzeitig substituiert er das Arbeitsheft, in dem die Schüler nun mit ihren Laptops Aufgaben bearbeiten und Arbeitsergebnisse festhalten. Von einer Mehrheit der Lehrer und Schüler wird der Laptop dabei nicht einfach als ein Ersatz für die traditionellen Medien gesehen, sondern es wird darauf hingewiesen, dass mit der Nutzung qualitative Verbesserungen des Lernens verbunden sind (dynamisierte Veranschaulichung, verbesserte Überarbeitungs-, Strukturierungs- und Archivierungsmöglichkeiten, etc.). Andererseits ergibt sich die veränderte Mediennutzung auch daraus, dass, durch die Verfügbarkeit der Laptops angeregt, bei zahlreichen Lehrern eine Veränderung der Unterrichtsmethodik eingetreten ist. So nimmt die Nutzung der Tafel auch deshalb ab, weil im Unterricht mit Laptopnutzung in der Tendenz weniger häufig frontal unterrichtet wird (vgl. 3.2.1).

3.2 Ergebnisse zur Veränderung der Lernkultur

3.2.1 Sozialformen

Die Unterrichtsbeobachtung zeigt, dass im Unterricht mit wie ohne Laptopnutzung der Frontalunterricht weiterhin die dominierende Sozialform ist. Sein Anteil ging jedoch von 69% im Unterricht ohne Laptops auf 54% im Unterricht mit Laptops zurück. Gleichzeitig stieg der Anteil der anderen Sozialformen, besonders der der Einzelarbeit. Für die kooperativen Arbeitsformen kann in der Unterrichtsbeobachtung im Laptopunterricht eine leichte Zunahme festgestellt werden, der Unterschied zum Unterricht ohne Laptops ist jedoch gering (vgl. Abb. 6).

Abb. 6: Sozialformen (Anzahl der 5-Minuten-Intervalle) in Unterrichtsstunden mit und ohne Laptop

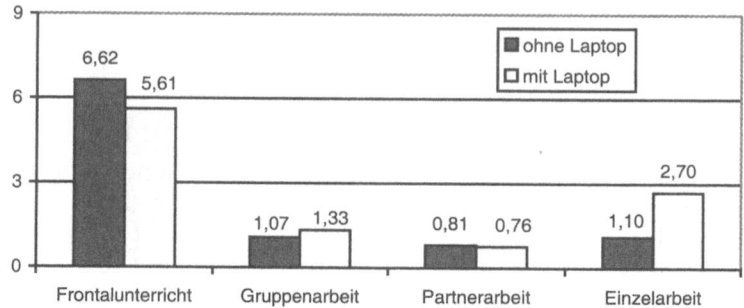

Die Unterschiede wurden mittels multivariater Varianzanalyse geprüft. Dabei ergab sich ein hochsignifikanter Haupteffekt für den Faktor Laptopnutzung (*Pillais Spur* = .35; $F(4, 35) = 4.75$; $p < .01$). Auf univariater Ebene zeigte sich ein hochsignifikanter Effekt für die

Sozialform Einzelarbeit (F (1, 38) = 14.84; $p < .01$).[2]. Die varianzanalytische Prüfung zeigte darüber hinaus für die Abnahme des Frontalunterrichts einen tendenziell signifikanten Effekt (F (1, 38) = 3.98; $p
< .10$).

Es kann also zunächst festgehalten werden, dass die Nutzung von
Laptops zu einer Verstärkung von Phasen beizutragen scheint, in denen die Schüler allein oder in Gruppen an Aufgabenstellungen arbeiten. Interviews und Fragebögen unterstützen und differenzieren dieses
Ergebnis. Dabei scheint es stark vom Zeitpunkt des Interviews, den
betreffenden Lehrern bzw. der Kohorte und den jeweiligen Gegebenheiten in der Klasse abzuhängen, welche Sozialformen eingesetzt wurden. Einige Lehrer der ersten Kohorte berichten, dass sie mit verschiedenen längerfristigen, recht komplexen Gruppenprojekten in das
Projekt eingestiegen sind. Obwohl die Erfahrungen, was die Arbeitsergebnisse angeht, positiv waren, wurde auch festgestellt, dass diese
Form des Einstiegs in das Projekt für Lehrer und Schüler teilweise als
Überforderung erlebt wurde.

Von den Lehrern der zweiten und dritten Kohorte wurde übereinstimmend ein grundsätzlich anderer Einstieg in das Projekt berichtet.
Zu Beginn des Laptopunterrichts, wenn noch viele neue Programme
und Funktionen eingeführt werden mußten, wurde in allen Fächern
angegeben, dass lehrergelenkter Frontal- oder Klassenunterricht über-
wiegt. Dieser wird unterbrochen von Einzelarbeitsphasen, in denen
die Schüler das Gelernte individuell erproben und sich unter relativ
geringer Lenkung des Lehrers miteinander austauschen und einander
beim Erwerb der zu lernenden Computerkompetenzen unterstützen.
Die Einzelarbeit sollte sicherstellen, dass jeder Schüler und jede Schülerin die zu vermittelnden Umgangs-kompetenzen mit dem Computer
erwirbt. Dabei hat sich der Anteil der Einzelarbeit vergrößert, da sie
häufiger und für längere Phasen eingesetzt wurde. Kooperatives Arbeiten hat dagegen in der Anfangsphase eher informell stattgefunden,
indem die Schüler sich bei Problemen gegenseitig unterstützten und
weiterhalfen.

Die Schülerbefragungen bestätigen diese Unterschiede in der Ein-
stiegsphase: Nur die erste Kohorte berichtet (sowohl im Interview wie
auch im Fragebogen) einen Anstieg der Gruppenarbeit, während die
anderen beiden Kohorten hier keinen Unterschied feststellten (vgl.

---

2   Da die Homogenitätsannahme für dieses Item verletzt war, wurde der Unterschied
    mit dem Mann-Whitney-U-Test abgesichert ($Z = -2.9$; $p < .01$).

Abb. 7). Dabei waren die Äußerungen der Schüler der ersten Kohorte zum Projekteinstieg deutlich kritischer als die der nachfolgenden Kohorten. Die auch von den Lehrern wahrgenommene Überforderung wurde bestätigt, die Gruppenprojekte zu Beginn des Projekts wurden als „Zuviel des Guten" bewertet. Kohorte 2 und 3 waren mit dem Einstieg in das Projekt deutlich zufriedener, was darauf hindeutet, dass sich der durch den Lehrer stärker gelenkte Einstieg mit längeren offenen Übungsphasen auch aus Schülersicht bewährt hat. Allerdings wurde das Verhalten der Lehrer hier sehr differenziert beurteilt, worauf im Abschnitt Rollenverständnis (vgl. 3.2.3) noch genauer eingegangen wird.

Abb. 7: Mittelwerte der wahrgenommenen Unterrichtsveränderungen in Klasse 7. (semantisches Differential: 1 = Zustimmung; 4 = keine Veränderung im Vergleich zu Unterricht ohne Laptop; 7 = Ablehnung)

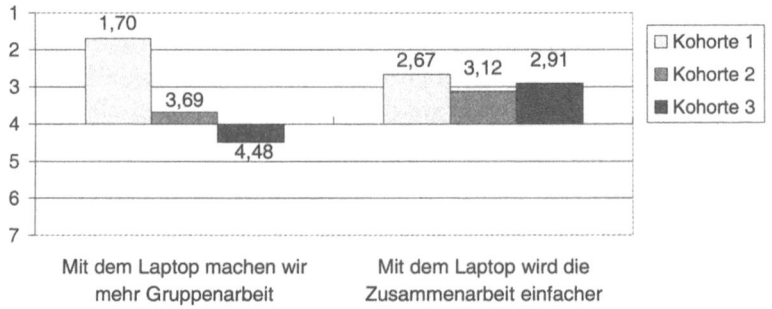

Im weiteren Projektverlauf waren die Äußerungen zur Häufigkeit der Gruppenarbeit widersprüchlich. In der Lehrerbefragung gab ein gutes Drittel der Befragten (hauptsächlich Deutsch- und Englischlehrer) an, dass sich der Anteil von kooperativen Sozialformen in ihrem Unterricht durch die Nutzung von Laptops erhöht hat. Dieser Gruppe steht eine ebenso große Gruppe gegenüber, die keine grundsätzliche Veränderung in der Häufigkeit der eingesetzten Sozialformen feststellen konnte. Drei Lehrer, alle im Fach Mathematik, sahen sogar eine Veränderung in einem Anstieg der Einzelarbeit. Grundsätzlich werden die Möglichkeiten, die der Laptop zur qualitativen Verbesserung von Gruppenarbeit birgt, jedoch positiv eingeschätzt. Besonders die einfache Modifizierbarkeit von elektronischen Produkten gibt den Schülern nach Meinung zahlreicher Lehrer die Möglichkeit, sich aktiv mit Einzelbeiträgen an der Gestaltung eines gemeinsamen Projekts zu beteiligen. So wurde beobachtet, dass sich die Struktur der Teamarbeit von dem Muster „einer arbeitet, die anderen schauen zu" in Richtung auf ein „verteiltes Arbeiten im Team" verändert hat. Dabei zerlegten die Schüler einen Gruppenauftrag selbständig in Teilaufgaben, die sie zunächst einzeln bearbeiteten, um dann die Einzelbeiträge am Ende zu einem Ganzen zusammenzufügen. Dies wurde mehrheitlich als eine qualitative Verbesserung der Teamarbeit gewertet, die eine intensive Auseinandersetzung der Schüler mit dem gestellten Thema begünstigte.

Die Schüler beurteilten die Veränderungen der Sozialformen im weiteren Projektverlauf als eher unbedeutend. Auch von ihnen wird der Laptop jedoch grundsätzlich als nützliches Werkzeug für die Zusammenarbeit geschätzt. Hervorgehoben wurde die Möglichkeit, gemeinsam an Texten zu arbeiten, diese gleichzeitig anzuschauen, zu diskutieren und zu verändern. Auch die gegenseitige Unterstützung in der Gruppenarbeit wurde von den Schülern positiv bewertet. Organisatorisch gefiel den Schülern, dass sie sich bei der Gruppenarbeit, insbesondere bei der Projektarbeit, die Arbeit aufteilen konnten, so dass jeder Schüler einen Teil erledigte, der ihm Spaß machte. Die Aussagen der Schüler bestätigen damit die Beobachtung der Lehrer. Vereinzelt wurde von Schülergruppen bemängelt, dass die Laptops eher hinderlich für Gruppenarbeiten seien, da jeder Schüler mit seinem eigenen Gerät beschäftigt sei bzw. eine Gruppe von Schülern schlecht an einem einzigen Laptop arbeiten könne.

Der beobachtete Rückgang des Frontalunterrichts schließlich wurde von den Lehrern besonders im zweiten und dritten Projektjahr bestätigt, wobei mehrheitlich eher geringfügige Veränderungen festgestellt wurden.

3.2.2 Handlungsmuster

Die Analyse der Unterrichtsbeobachtungen zeigt eine Veränderung der Aufgabenstellungen und des schulischen Lernens hin zu mehr Offenheit, Selbständigkeit und forschend-kreativ zu bearbeitenden Fragestellungen (vgl. Abb. 8).

Abb. 8: Handlungsmuster im Unterricht
(6-stufiges semantisches Differential)

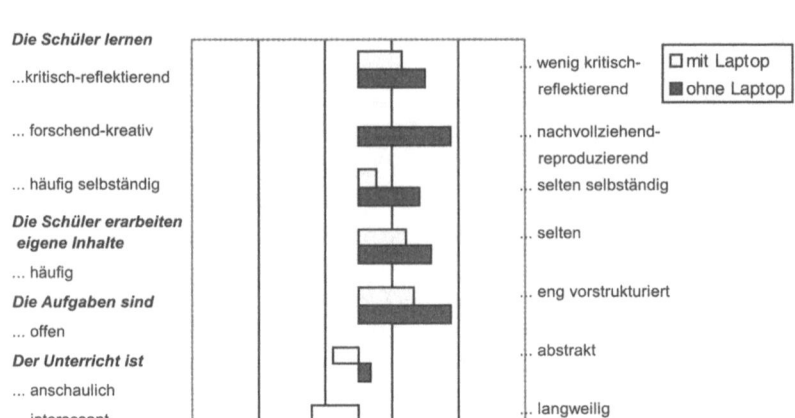

Die Unterrichtsbeobachtung zeigt, dass – für die Gesamtheit der Leh-rer über den genannten Projektzeitraum betrachtet – diese konstrukti-vistischen Lernformen nur auf einem eher niedrigen Niveau stattfin-den. Inhalt wie auch Form der Aufgaben werden auch im Laptopun-terricht in der Regel relativ stark vorstrukturiert. Auf der Grundlage der Beobachtungsstudie können die Handlungsmuster in ihrer Ge-samtheit also lediglich als „weniger eng vorstrukturiert" und „weniger nachvollziehend-reproduzierend" denn als „offen" und „forschend-kreativ" charakterisiert werden. Dabei muss berücksichtigt werden, dass etwa die Hälfte der Unterrichtsbeobachtungen in der siebten Klasse durchgeführt wurde, d.h. im jeweiligen Anfangsjahr der Lap-topnutzung. Wie im vorangegangenen Abschnitt ausgeführt, überwog gerade in der Einführungsphase noch ein eher lehrergelenkter Unter-richtsstil.

Die varianzanalytische Prüfung der Unterschiede zwischen dem Unterricht mit und ohne Laptops ergab auf multivariatem Niveau demnach einen hochsignifikanten Effekt (*Pillais Spur* = .48; F (7, 31) = 4.05; p < .01). Anschließende univariate Tests zeigten sehr signi-fikante, bzw. tendenziell signifikante Effekte für die Items „Interes-santheit des Unterrichts", „Offenheit der Aufgabenstellung" und „for-schend-kreatives Lernen" (vgl. Tab. 8).

Tabelle 8: Ergebnisse der multivariaten Tests zu den
Handlungsmustern

Item	F (1,37)	p
Forschend-kreatives Lernen	22,20	< .01
(Offenheit der Aufgabenstellung[3])	2,81	< .10
Interessantheit des Unterrichts	8,64	< .01

Auch hier erlauben die Interviews und Fragebögen interessante Aufschlüsse zur Interpretation der Veränderungen in den Handlungsmustern. So bestätigen Schüler und Lehrer, dass lehrerzentrierte Handlungsmuster (Lehrervortrag, stark durch den Lehrer vorstrukturierte Übungen) bei vielen Lehrern besonders der Kohorten 2 und 3 in der Einführungsphase zunächst zunehmen (vgl. 3.2.1).

Von der Einführungsphase abgesehen, ergeben sich jedoch vielfältige Belege für eine Veränderung der Lernkultur. In den Lehrerinterviews wurde deutlich, dass die Lehrer im Rahmen des Projekts durch die Möglichkeiten des elektronischen Editierens, des Experimentierens mit Formeln, des Visualisierens von Daten oder des Austausches und gemeinsamen Bearbeitens von Dateien in allen Fächern vielfältige neue Möglichkeiten der Aufgabenstellungen und der konstruktivistischen Auseinandersetzung mit Fachinhalten entdeckten. Anwendungssoftware wurde, zumindest teilweise, im Sinne eines kognitiven Werkzeuges eingesetzt. Die Laptops wurden genutzt, um die Schüler vermehrt mit offenen und komplexen Aufgabenstellungen zu konfrontieren. Damit verbunden ergaben sich aus der Sicht der Lehrer verbesserte Möglichkeiten zur Differenzierung, für eine interessantere Darbietung der Lerninhalte und für eine höhere Anschaulichkeit durch alltagsnahe Problemstellungen. Besonders in den Fächern Deutsch und Englisch wurde in diesem Zusammenhang auch auf die qualitative Verbesserung der Projektarbeit hingewiesen.

---

3   Bei dem Item „Offenheit der Aufgabenstellung", liegt eine Verletzung der Homogenitätsannahme vor. Der Effekt konnte mit dem nicht-parametrischen Mann-Whitney-U-Test nicht bestätigt werden ($Z = -.90$; $p > .10$).

Abb. 9: Mittelwerte der wahrgenommenen Unterrichtsveränderungen in Kohorte 1 (semantisches Differential: 1 = Zustimmung; 4 = keine Veränderung im Vergleich zu Unterricht ohne Laptop; 7 = Ablehnung)

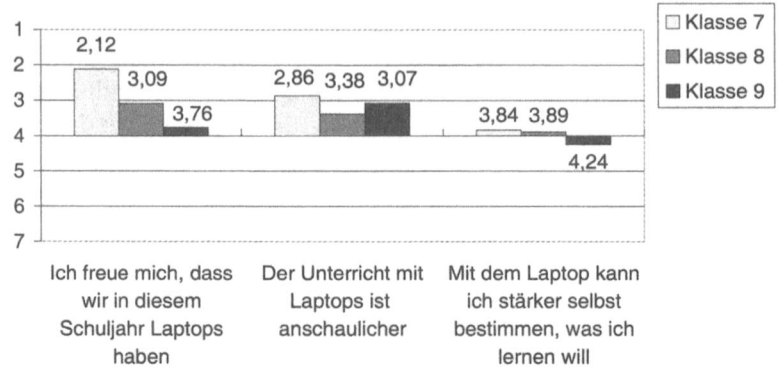

Die Schüler bestätigen sowohl im Interview als auch im Fragebogen den Trend, der von den Lehrern berichtet wurde. Aufgabenstellungen werden auch von ihnen als offener und mit mehr Freiräumen für eigenes Experimentieren wahrgenommen. In der Regel wurde diese Veränderung von den Schülern positiv beurteilt. Bemängelt wurde lediglich, dass die Arbeitsbelastung dadurch zugenommen habe. Die Schülerbefragungen bestätigen die Aussagen der Lehrer auch dahingehend, dass der Unterricht mit Laptops von der Mehrzahl der Schüler als interessanter als der Unterricht ohne Laptops eingestuft wurde. So sei der Unterricht mit Laptops sowohl, was das Material und die Inhalte, wie auch die Aufgaben und teilweise die Sozialformen angeht, abwechslungsreicher. Außerdem äußerte die Mehrheit der Schüler, dass sie sich freuen, die Laptops zu haben und dass ihnen der Unterricht allein durch die Tatsache mit dem Computer zu arbeiten, mehr Spaß macht. In der Fragebogen-Befragung ist dabei im Bereich der Akzeptanz eine Abnahme zu erkennen ist, die jedoch typisch für solche dem Neuheitseffekt unterliegenden Beurteilungen ist. Bemerkenswert ist, dass die Akzeptanz auch langfristig im positiven Bereich liegt (vgl. Abb. 9).

Einhellig und übereinstimmend mit den Lehrern berichteten die Schülergruppen, dass sie den Unterricht mit Laptops für anschaulicher hielten als ohne. Besonders von den Schülern der 9. Klasse wurden die Laptop-Anwendungen in Geometrie gelobt, die den Zusammenhang von Formeln und Zeichnungen besser nachvollziehbar machten. Schüler der 7. und 8. Klasse in beiden Kohorten nannten außerdem Beispiele aus den Fächern Deutsch und Englisch, wo sie die Einbindung von zusätzlichem Bildmaterial und Videos, wie sie z.B. mit Encarta und Lernsoftware realisiert wird, besonders begeisterte. Die Nutzung der Laptops zur Gestaltung eigener Lernprodukte, z.B. eines Grammatik-Archivs oder von Präsentationen, erhöhte ebenfalls die Anschaulichkeit der vermittelten Inhalte. Es gab jedoch auch gegenteilige Wahrnehmungen. Diese beziehen sich vor allem auf das Fach Mathematik. So äußerten Schüler in drei Schülergruppen, dass es ihnen mit dem Laptop schwerer fiel, mathematische Zusammenhänge zu begreifen, da der Laptop die Rechenoperationen übernahm und sie Schwierigkeiten hatten, Rechenwege nachzuvollziehen, wenn sie diese nicht von Hand rechneten. Die Nutzung der Laptops hat für diese Schüler, die von sich sagten, mit dem Fach Mathematik ohnehin Probleme zu haben, den Unterricht eher abstrakter und weniger anschaulich gemacht. Sie bevorzugten deshalb in Mathematik einen Unterricht ohne Laptop.

Interessant ist schließlich der Bereich der Selbständigkeit des Lernens. In den Interviews bestätigten die Schülergruppen den Eindruck der Lehrer, dass das Lernen selbständiger geworden sei. Dies bezieht sich vor allem auf den Umgang mit dem Computer. Darüber hinaus stellten sie fest, dass sie in Gruppenarbeitsphasen mehr Selbständigkeit erhielten, da sie sich selbst Themen wählen konnten, die Arbeit untereinander organisieren, aufteilen und gemeinsam durchführen mussten. Es hing dabei jedoch stark vom einzelnen Lehrer ab, welches Maß an Selbständigkeit den Schülern zugestanden wurde (vgl. 3.2.3). Dieser Umstand erklärt auch die eher neutrale Bewertung dieses Aspekts in der quantitativen Schülerbefragung.

3.2.3 Rollenverständnis

In der Unterrichtsbeobachtung wurde der Laptopunterricht insgesamt als deutlich weniger lehrerzentriert beurteilt als der Unterricht ohne Laptops. Auch Phasen der individuellen Betreuung durch den Lehrer wurden im Unterricht mit Laptops häufiger beobachtet. Gleiches gilt für Phasen, in denen die Schüler unterrichtsbezogen ohne direkte Moderation des Lehrers miteinander kommunizierten (vgl. Abb. 10).

Abb. 10: Lehrer- und Schülerrolle (6-stufiges semantisches Differential)
N (Laptop) = 24; N (Nicht-Laptop) = 20

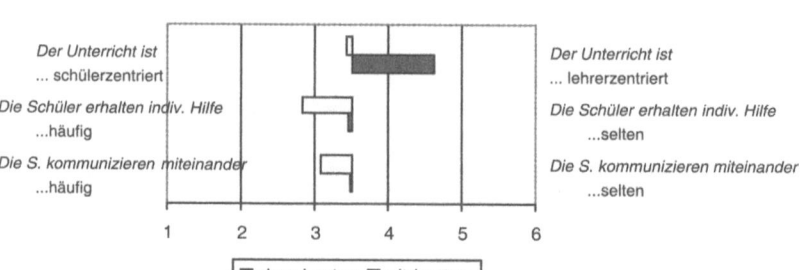

Die Varianzanalyse zeigte auf multivariatem Niveau einen tendenziell signifikanten Effekt (*Pillais Spur* = .18; F (3, 35) = 2.55; p < .10). Die univariate Prüfung des Effekts der Laptopnutzung ergab einen signifikanten Effekt für das Item „Schülerzentrierung" (F (1, 37) = 7.03; p < .05)[4].

Auch hier untermauern und explizieren die Ergebnisse der anderen Teilstudien die Beobachtungen. In den Lehrerinterviews wurde übereinstimmend und über verschiedene Fächer hinweg von einer Mehrheit wahrgenommen, dass das Unterrichten mit Laptops für sie zu einem Aufbrechen ihres Unterrichts beigetragen hat. So gaben verschiedene Lehrer an, dass sie den Schülern im Laptopunterricht mehr Freiräume ließen, um sich auszutauschen oder um spontan ihren Platz zu verlassen, damit sie anderen Schülern bei technischen Problemen helfen können. Die Mehrzahl der Lehrer machte die Beobachtung, sich im Unterricht mit Laptops zumindest phasenweise stark zurücknehmen zu können. Ihre Rolle bestand dann vor allem in der individuellen Betreuung einzelner Schüler und Schülergruppen. Diese Phasen wurden vielfach als Entlastung empfunden. Fünf der befragten Lehrer äußerten in diesem Zusammenhang auch, dass sich ihre Rolle von der des Wissensvermittlers hin zum Mit-Lernenden verschoben hätte, wobei sich diese Beobachtung in erster Linie auf den Bereich der Computerkenntnisse, weniger auf inhaltliche Fragen bezog. Etwas weniger als ein Drittel der Lehrer nahm jedoch keine grundsätzliche Öffnung

---

4   Da die Annahme der Gleichheit der Kovarianzen für die Varianzanlyse verletzt war, wurde dieser Unterschied zusätzlich mit dem Mann-Whitney-U-Test abgesichert (Z = -2.7; p < .01).

ihres Unterrichtsstils wahr. Diese Lehrer empfanden eine stark Lenkung und Steuerung des Unterrichts als zweckmäßig, um die für Lehrer und Schüler neue und ungewohnte Unterrichtssituation mit Laptops besser im Griff zu haben. Das Problem der mangelnden Kontrollierbarkeit der Schüler im Laptop-Unterricht wurde in den Interviews immer wieder thematisiert. Mit zunehmender Computerkompetenz wurde allerdings eine Öffnung des Unterrichts beobachtet und von mehreren Lehrern auch im weiteren Projektverlauf bestätigt.

Die Schüler berichteten ebenfalls, dass sich der Unterricht, wenn mit Laptops gearbeitet würde, häufig in Richtung eines eher schülerzentrierten Unterrichts verschob. Der Lehrer würde weniger häufig „vorne stehen" und die Schüler würden sich insbesondere die technische Handhabung der Geräte mit den Lehrern gemeinsam erarbeiten. Die Schüler bestätigten, dass der Lehrer auf dem Gebiet der Computerkenntnisse zumindest teilweise zum Mitlernenden würde. Im fachinhaltlichen Bereich sei dies aber in der Regel nicht der Fall gewesen. Ebenfalls positiv beurteilt wurde von vielen Schülern, dass der Unterricht sich insofern öffnete, als dass die Schüler ihren Platz verlassen durften, um anderen zu helfen oder um ihre Mitschüler bei Problemen um Rat zu fragen.

Von diesen allgemeinen Äußerungen abgesehen, bewerteten die Schüler das Verhalten ihrer Lehrer sehr differenziert und kritisierten auch das Verhalten einiger Lehrer. Besonders häufig wurde bemängelt, dass einigen Lehrern die erforderliche Sicherheit und Souveränität im Umgang mit dem Computer fehlte. Nach Beobachtung der Schüler blieb der Unterricht bei manchen dieser Lehrer eher lehrerzentriert, da sie weder zuließen, dass die Schüler eigene Alternativen zu den eingeführten Routinen einbrachten, noch dass sie im Unterricht den Platz wechselten, um ihren Klassenkameraden zu helfen. Auch hatten sie bei diesen Lehrern den Eindruck, dass es ihnen eher unangenehm war, wenn sie sich von Schülern belehren lassen mussten. Entsprechend beschrieben die Schülergruppen auch unterschiedlich, ob und wie sich ihr Verhältnis zum Lehrer geändert hat. Drei Schülergruppen aus unterschiedlichen Klassen waren der Meinung, sie kämen mit den Lehrern besser aus, wobei sie die Ursache hierfür vor allem im gemeinsamen Lösen von Problemen und in der individuellen Betreuung sahen, die sie im Laptopunterricht erhielten. Zahlreiche Schülergruppen aus anderen Klassen dagegen nahmen die Lehrer als sehr angespannt wahr. Eine Gruppe äußerte sogar den Eindruck, das Verhältnis zu den Lehrern hätte sich durch die Einführung der Laptops verschlechtert. Eine

Gruppe aus einer weiteren Klasse gab an, der Kontakt zum Lehrer hätte dadurch abgenommen, dass die Schüler stärker individuell arbeiteten und weniger im Klassenverband.

4.   Fazit

Erfüllen Laptops die in sie gesetzte Hoffnung, als Katalysator für eine neue Lernkultur im Unterricht zu wirken?

Vieles spricht dafür: Die vorliegenden Ergebnisse zeigen, dass die Integration von Laptops einen unmittelbaren Wandel des Unterrichts mit sich bringt. Bestimmte Unterrichtsformen und -abläufe, insbesondere der lehrergelenkte Frontalunterricht, werden durch das Vorhandensein der Laptops ausgehebelt oder lassen sich zumindest nur sehr schwer mit Laptops realisieren. Als Ursache hierfür kann die gesteigerte Variationsbreite von Handlungsoptionen, die der Laptop den Schülern bietet, gesehen werden. Dies gilt vor allem für die Vielzahl individueller technischer Fragen und Probleme, die in der Anfangsphase auftauchen und die in der Frontalsituation nur mit großem zeitlichem Aufwand und häufig in einer für Lehrer und Schüler unbefriedigender Weise gelöst werden mussten. Für Lehrer und Schüler wird in dieser Phase spürbar, dass der lehrerzentrierte Unterricht, so wie sie ihn kennen, mit Laptops nicht funktioniert. Der Einstieg ins Laptop-Projekt gab unmittelbar den Anstoß, über eine Veränderung des Unterrichtsablaufs nachzudenken. Viele Lehrer machten bereits an dieser Stelle gute Erfahrungen damit, die Lernkultur zu verändern, indem sie Kontrolle und Verantwortung an die Schüler abgaben oder Schülerkooperation zur Lösung von Problemen einsetzten. Das Entstehen einer neuen Lernkultur auch auf fachlich-inhaltlicher Ebene wird somit durch die Besonderheiten des Laptop-Unterrichts in der Anfangsphase vorbereitet.

Bei der Lösung unterrichtsbezogener Arbeitsaufträge bietet der Laptop den Schülern ebenfalls in verschiedener Hinsicht mehr Spielraum und mehr individuelle Experimentier- und Lösungsmöglichkeiten als traditionelle Medien. Aus Sicht der Lehrer lässt sich auf diese Weise die Selbständigkeit und das explorierende Lernen der Schüler steigern. Der Laptop wird als ursächlich für eine Veränderung des Unterrichtsstils gesehen. Der entscheidende Faktor dürfte jedoch die Aufgabenstellung sein, die den Schülern mehr oder weniger Freiheitsgrade lässt. Prinzipiell lassen sich auch mit klassischen Medien sehr offene und mit dem Computer hochgradig vorstrukturierte Aufgaben stellen. Bei der Arbeit mit dem Computer ist es nun jedoch so, dass viele Lehrer die Zahl der möglichen Lösungsalternativen selbst nicht vollständig überblicken und gleichzeitig den Schülern, besonders ihre technischen Fertigkeiten betreffend, eine höhere Kompetenz zutrauen als bei Arbeitsaufträgen im regulären Unterricht. Die Lehrer sind deshalb eher bereit, Arbeitsaufträge so zu formulieren, dass sie den Schülern mehr Freiheiten zugestehen. Gleichzeitig zeigen die Schüler, zunächst bezogen auf technische, später auch bei inhaltlichen Fragen, ein größeres Selbstvertrauen, von Lehrervorgaben abzuweichen. Auch auf diese Weise verändert der Laptop die Unterrichtsgestaltung hin zu einer neuen Lernkultur.

Ein dritter Grund, warum Laptops eine Katalysatorfunktion für eine Unterrichtsveränderung einnahmen, war, dass das Laptop-Projekt für die Lehrer einen äußeren Anlass geschaffen hat, die eigene Unterrichtspraxis zu überdenken und sich stärker als sonst im Schulalltag üblich mit Kollegen über Unterrichtsführung und -methodik auszutauschen. Insofern führte die Einführung von Laptops verbunden mit der Zielsetzung, eine Innovation der Unterrichtspraxis anzustoßen, auch auf diesem Weg zu Veränderungen des Unterrichts.

Es kann somit festgehalten werden, dass die Einführung von Laptops in den Unterricht direkt und indirekt eine Veränderung des Unterrichts bewirkte, wobei sie in der Tendenz konstruktivistische und schülerzentrierte Unterrichtsformen förderte und lehrerzentrierte Unterrichtsformen schwächte.

Auf der Grundlage der detaillierten Betrachtung der verschiedenen Methodenebenen des Unterrichts sowie weiterer Faktoren wie Lehrervariablen und Rahmenbedingungen muss die Wirkung von Laptops als Schrittmacher für eine Veränderung des Unterrichts jedoch relativiert werden. Es zeigt sich nämlich, dass die Hinwendung zu einer neuen Lernkultur auf unterschiedlichen Unterrichtsebenen den individuellen Lehrkräften verschieden schnell und gut gelingt.

Die Ebene der *Handlungsmuster* weist aus subjektiver Sicht von Lehrern und Schülern das größte Veränderungspotential auf. Hier wurde übereinstimmend und von so gut wie allen Befragten berichtet, dass mit der methodischen Gestaltung von Einzelphasen des Unterrichts experimentiert oder Aufgabenstellungen modifiziert wurden. Wie tiefgreifend die Veränderungen waren, hing dabei stark vom einzelnen Lehrer ab. Die Unterrichtsbeobachtung zeigt, dass im beobachteten Projektzeitraum zwar eine Veränderung, jedoch noch kein durchgängiger Wandel stattgefunden hat.

Ähnliches gilt für die Ebene der *Sozialformen*, wo ebenfalls zwar eine Reduzierung des frontalen Unterrichtsstils, aber noch keine konsequente Abkehr festgestellt wurde. Auf dieser Ebene wird der Einfluss von Kontextbedingungen (Lehrer, Zeitpunkt, Fach) noch deutlicher. Insbesondere Gruppenarbeit wurde nur von einer Minderheit der Lehrer im Laptop-Projekt eingesetzt. Der Grund hierfür kann darin vermutet werden, dass sich Gruppenarbeit, nach Meinung der Lehrkräfte, mit dem Laptop am besten im Rahmen komplexer Projektarbeit realisieren lässt. Die Durchführung komplexer Projekte erfordert jedoch eine tiefer gehende und langfristigere Umstrukturierung des Unterrichts auf der Ebene der Handlungsmuster. Der Lehrer muss bereit sein, Kontrolle an die Schüler abzugeben und für längere Unterrichtsphasen als zentraler Informationsvermittler zurückzutreten. Er muss den Schülern die für das selbständige Arbeiten erforderlichen Arbeitstechniken vermitteln. Die Evaluation ergab, dass eine solche Veränderung der Handlungsmuster im beobachteten Zeitraum nur einer Minderheit der Lehrer gelang. Eine Vorreiterrolle nahmen diejenigen Lehrer ein, die bereits vor Projektbeginn einen stark schülerorientierten Unterrichtsstil pflegten.

Eine Neuorientierung des *Rollenverständnisses* schließlich verlangt ein grundsätzliches Umdenken und eine prinzipiell neue Konzeption von Unterricht und Schule. Die Interviews zeigen, dass viele Lehrer zwar bereit sind, hinsichtlich der Vermittlung von Computerkompetenz von ihrer zentralen Rolle als Wissensvermittler abzurücken, jedoch in den übrigen Unterrichtsbereichen keine grundlegende Veränderung ihres Rollenverständnisses wagen. Die Schüleraussagen bestätigen, dass gerade das Rollenverständnis von Schülern und Lehrern der Dreh- und Angelpunkt ist, der die Lernkultur entscheidend prägt.

Laptops können also auf dem Weg zu einer konstruktivistischen Innovation des Unterrichts wichtige Impulse geben. Als Motor für eine Veränderung reichen aber die Bereitstellung von Laptops und begleitenden Fortbildungsmaßnahmen nicht aus. Es müssen individuelle Hilfestellung und Coaching für die Lehrkräfte hinzukommen, um ihnen, abhängig von ihrem bisher praktizierten Unterrichtsstil, ihren kommunikativen Handlungsmustern, ihren didaktischen Kenntnissen und Erfahrungen und ihrer Innovationsbereitschaft zu helfen, sich einer konstruktivistischen Lernkultur anzunähern. Von entscheidender Bedeutung ist darüber hinaus die Unterstützung durch die Schulleitung, die den Freiraum gewähren sollte, den motivierte Lehrkräfte brauchen, um ihren Unterricht und ihre Schule zu einer kreativen Lernumgebung umzugestalten, in der die Schüler gerne lernen.

5. Literatur

Abrams, R. (1999): Laptop computers in an all-girls school: hearing the student voice in an evaluation of technology use. Paper presented at the Annual Meeting of the American Educational Research Association (AERA), April 24-28, New Orleans, LA.

Achtenhagen, F. (1984): Qualitative Unterrichtsforschung. Einige einführende Bemerkungen zu einer kontrovers diskutierten Problematik. In: Unterrichtswissenschaft, 12.¯S. 206-217.

Bertelsmann Stiftung/Evangelisch Stiftisches Gymnasium (2001): Medienbildung in der Schule. Verlag Bertelsmann Stiftung. Gütersloh.

BMBF (2000): „Anschluss statt Ausschluss". IT in der Bildung. Papier zum Handlungskonzept „IT in der Ausbildung". Bundesministerium für Bildung und Forschung. Berlin. Online Dokument [URL]: http://www.bmbf.de/presse01/KONZE_IT(2).pdf (29.1.02).

BMBF (2002): IT-Ausstattung der allgemein bildenden und berufsbildenden Schulen in Deutschland. Eine Bestandsaufnahme vom Mai 2002. Bundesministerium für Bildung und Forschung. Bonn. Online Dokument [URL]: http://www.bmbf.de/pub/it-ausstattung_der_schulen_2002.pdf (1.11.02)

Bruck, P. A./Stocker, G./Geser, G./Pointner, A. (1998): Noten für's Notebook: Von der technischen Ausstattung zur pädagogischen Integration. Zweiter Zwischenbericht: Erhebung und Evaluation von Projekten in Österreich an Hand des Notebook-Projektes. Techno-Z FH Forschung und Entwicklung GmbH. Salzburg.

Clausen, M. (2000): Wahrnehmung von Unterricht. Übereinstimmung, Konstruktvalidität und Kriteriumsvalidität in der Forschung zur Unterrichtsqualität. Dissertation, Fachbereich Erziehungswissenschaft und Psychologie, Freie Universität Berlin.

Engelen, U. (2001a): Über pädagogische Innovationen: das Laptop-Projekt am Evangelisch Stiftischen Gymnasium Gütersloh. In Herzig, B. (Hrsg.): Medien machen Schule – Grundlagen, Konzepte und Erfahrungen zur Medienbildung. Klinkhart. Bad Heilbrunn. S. 227-251.

Engelen, U. (2001b): Von pädagogischen Innovationen durch neue Medien: Das Laptop-Projekt am Evangelisch Stiftischen Gymnasium in Gütersloh. Vortrag auf der Interschul/didacta in Hannover.

Engelen, U. (2001c): Paradigmenwechsel im Klassenraum durch Laptopeinsatz. In: Drabe, M. (Hrsg.): Schulen ans Netz. Evaluation – Empfehlungen. Kopäd. München. S. 91-96.

Engelen, U. (2003): Laptops verändern Lehren und Lernen. Evaluationsergebnisse der Laptop-Projekte im Evangelisch Stiftischen Gymnasium in Gütersloh. Computer und Unterricht, 50. S. 32-35.

Forum Bildung (2001): Neue Lern- und Lehrkultur. Bericht der Expertengruppe des Forum Bildung. Geschäftsstelle der Bund-Länder-Kommission für Bildungsplanung und Forschungsförderung. Bonn.

Fraser, B. J./Walberg, H. J. (1981): Psychosocial learning environment in science classrooms: A review of research. Studies in Science Education, 8. S. 67-92.

Haefner, K./Eichmann, E. H./Hinze, C. (1987): Denkzeuge. Was leistet der Computer? Was muß der Mensch selber tun? Birkhäuser. Basel.

Hill, J. R./Reeves, T. C./Grant, M./Wang, S.-K. (2001): The impact of portable technologies on teaching and learning. Year two report. Department of Instructional Technology. University of Georgia. Atlanta, GA.

Hunneshagen, H./Schulz-Zander, R./Weinreich, F. (2001): Stand der Internetarbeit an Schulen. In: Computer + Unterricht, 41. S. 14-20.

Kamke-Martasek, I. (2001): Allgemeine Didaktik des Computer integrierenden Unterrichts. Peter Lang. Frankfurt.

Kerber, M. (2001): Laptop-Einsatz im Fachunterricht. Erste Erfahrungen. In: Computer und Unterricht, 42. S. 62-63.

Kerres, M. (2000): Internet und Schule. In: Zeitschrift für Pädagogik, 46. S. 13-130.

Mandl, H./Winkler, K (2003): Auf dem Weg zu einer neuen Lehr- und Lern-Kultur. Der Beitrag der neuen Medien in der Aus- und Weiterbildung In: Deubel, V./Kiefer, K. H. (Hrsg.): MedienBildung im Umbruch. Lehren und Lernen im Kontext der Neuen Medien. Schrift und Bild in Bewegung, Bd. 6. Aisthesis Verlag. Bielefeld.

Mayring, P. (1999): Qualitativ orientierte Forschungsmethoden in der Unterrichtswissenschaft – ein Anwendungsbeispiel aus der Lernstrategieforschung. In: Unterrichtswissenschaft, 27. S. 292-309.

Mayring, P. (2000): Qualitative Inhaltsanalyse. Grundlagen und Techniken (7. Auflage). Deutscher Studien Verlag. Weinheim.

Meyer, H. (1987): Unterrichtsmethoden I: Theorieband. Cornelsen Scriptor. Frankfurt-am Main.

Owen, J. M./Lambert, F. C. (1996): The notebook curriculum: An innovative approach to the use of personal computers in the classroom. Australian Educational Computing, 11. S. 26-32.

Pelgrum, W. J. (2001): Obstacles to the integration of ICT in education: results from a worldwide educational assessment. In: Computers & Education, 37. S. 163-178.

Renkl, A. (1999): Jenseits von p < .05: Ein Plädoyer für Qualitatives. In: Unterrichtswissenschaft, 27. S. 310-322.

Robertson, S./Calder, J./Fung, P./Jones, A./O'Shea, T. (1997): The use of palmtop computers in education. In: British Journal of Educational Technology, 28. S. 177-189.

Rockman u.a. (1998): Powerful tools for schooling: Second year study of the laptop program (A project for Anytime Anywhere Learning by Microsoft Corporation & Notebooks for Schools by Toshiba American Information Systems). CA: Rockman u.a. San Francisco.

Rosenshine, B. (1970): The stability of teacher effects upon student achievement. In: Review of Educational Research, 40. S. 647-662.

Schaumburg, H. (2003): Konstruktivistischer Unterricht mit Laptops. Eine Fallstudie zum Einfluss mobiler Computer auf die Methodik des Unterrichts. Dissertation, Fachbereich Erziehungswissenschaft und Psychologie, Freie Universität Berlin.

Schaumburg, H./Issing, L. J. (2002): Lernen mit Laptops. Bertelsmann Stiftung. Gütersloh.

Schaumburg, H./Issing, L. J. (2004): Interaktives Lernen mit Multimedia. In: R. Mangold & P. Vorderer (Hrsg.). Lehrbuch der Medienpsychologie. Hogrefe. Göttingen, S. 717-742

Schulz-Zander, R. (2001): Schulen ans Netz – aber wie? In: Computer + Unterricht, 11. S. 6-9.

Scott, T./Cole, M./Engel, M. (1992): Computers and education: a cultural constructivist perspective. In: Review of Research in Education, 18. S. 191-251.

Tulodziecki, G. (1999): Neue Medien – Welche Bedeutung haben sie für die Schule der Zukunft? In: Meister, D. M./Sander, U. (Hrsg.): Multimedia. Chancen für die Schule. Luchterhand. Neuwied. S. 20-34.

Manuela du Bois-Reymond

Neues Lernen – alte Schule: eine europäische Perspektive

Leitender Gedanke des Beitrags ist, dass europäische Wissens- und Informationsgesellschaften von allen Subjekten, insbesondere aber von der jungen Generation, einen neuen Lernhabitus fordern, dass aber gleichzeitig die national verfassten Bildungs- und Ausbildungsinstitutionen den gewandelten gesellschaftlichen Bedingungen  keine Rechnung tragen. Daraus ergeben sich Diskrepanzen sowohl auf institutioneller wie subjektiver Ebene. Besprochen werden die Chancen und Voraussetzungen non-formalen Lernens, um diese Diskrepanzen zu verringern. Anhand eines europäischen Forschungsprojekts wird gezeigt, dass partizipatorisches Lernen in Projekten, die bildungsbenachteiligten Jugendlichen und jungen Erwachsenen den Übergang auf den Arbeitsmarkt erleichtern sollen, eine Herausforderung für die „alte Schule" ist, der sie sich stellen müssen wird. In einem abschließenden Teil werden zwei miteinander verwandte Konzepte für eine Querschnittspolitik vorgestellt, die leitend für die weitere Entwicklung einer progressiven europäischen Bildungs- und Jugendpolitik sein sollten.

1. Einleitung

Bis vor kurzem wurden pädagogische Probleme und Lernen nicht in europäischer Perspektive diskutiert, und viele tun das bis heute nicht. Insbesondere Pädagogen – mehr als Soziologen oder Psychologen – sind es gewohnt, in lokalen und nationalen Bezügen zu denken und zu handeln und sich dem Eigensinn nationaler Traditionen und Schulsysteme anzupassen. Aber in einer relativ kurzen Zeit hat sich diese Situation geändert: der europäische Vereinigungsprozess schreitet voran und erfasst zunehmend mehr auch Fragen der Schule und Konzeptionen von Bildung und Ausbildung. Seit dem Gipfeltreffen der europäischen Bildungsminister 2000 in Lissabon hat sich die europäische Gemeinschaft die Selbstverpflichtung auferlegt, zur avanciertesten Wissens- und Informationsgesellschaft der Welt zu werden. Dabei bleibt allerdings offen, wie dieses Vorhaben im nationalen und im europäischen Verbund Bildungskonzeptionen und Bildungssysteme beeinflussen wird. Gleichwohl ist klar, dass hierbei Jugend und Lernen, Bildung und Ausbildung Schlüsselrollen spielen. Beide, Jugend und Lernen, werden zunehmend in einen europäischen Zusammenhang gestellt: sind ihre Ausbildungen zeitgemäß unter dem Diktum einer Wissensgesellschaft? Müssen Bildungsvorstellungen erneuert werden? Die Nationalstaaten fragen, wenn auch mit verschiedenen Schwerpunkten, unter welchen Bedingungen Lernen in Schulen und anderen Institutionen stattfindet. Dabei geht es vorrangig um einen immer risikoreicher werdenden Übergang auf den Arbeitsmarkt von den nachwachsenden Generationen.

In diesem Beitrag vertrete ich die *These*, dass die Schul- und Ausbildungskrisen nationalen Charakters sind, dass sie aber durch wachsende wirtschaftliche und sozialpolitische Interdependenzen letztendlich nur in europäisch-internationaler Perspektive bewältigt werden können. Ich diskutiere die Schul- und Ausbildungskrise hier als allgemeine *Lernkrise* und exemplifiziere mögliche Lösungen am Beispiel eines europäischen Projekts, das in vergleichender Absicht die Übergangstrajekte von jungen Erwachsenen unter dem Gesichtspunkt von Lernhemmnissen und Lernchancen erforscht. Ich schließe mit einigen Überlegungen zu einer europäischen Politik für Jugendliche und junge Erwachsene im Übergang von der Schule auf den Arbeitsmarkt.

2.   Neue Diskurse über Lernen und die alte Schule

Wissens- und Informationsgesellschaften, wie sie sich in Europa zu etablieren beginnen, erfordern einen neuen *Lernhabitus*. Der Imperativ vom lebenslangen Lernen impliziert, dass insbesondere junge Menschen Dauerlerner werden, dass sie also von Kindheit und Jugend an und weiterhin in ihrem Leben an vielen Orten und in vielerlei Hinsichten Informationen finden, bewerten und in sinnhafte Handlungen umsetzen. Lernen findet nicht mehr nur – oder gar: nicht vorwiegend – in der Schule statt, sondern auch außerhalb ihrer Mauern; Lernbiographien entstehen an vielen Orten, realen und medialen. Kinder und Jugendliche, die keine lernoffene Haltung erwerben – sei es wegen ungünstiger Familienumstände, sozial-kultureller Benachteiligungen oder anderer, idiosynkratischer Faktoren – haben in europäischen Gegenwartsgesellschaften auf jeden Fall geringere Chancen. Denn diese Gesellschaften, in denen Lernen eine so große und historisch neue Rolle spielt, sind gleichzeitig Risikogesellschaften. Damit ist hier gemeint, dass Lernkarrieren einerseits früh initiiert und umsichtig geplant werden müssen, dass dies aber andererseits nur zum Teil möglich ist und nur zum Teil zu voraussehbaren Resultaten führt – in unserem Fall: zu einem Beruf, einer Arbeit, die in Übereinstimmung sind mit der Bildungsplanung.

Die Spannung zwischen Planungsnotwendigkeit und Ungewissheit des Ergebnisses müssen sowohl Insitutionen als Individuen aushalten lernen. In spätmodernen Gesellschaften – ich bin mir bewusst, dass ich nach „Wissens- und Informationsgesellschaft" und „europäischen Gegenwartsgesellschaften" mit „spätmoderner Gesellschaft" bereits die dritte, nimmt man „Risikogesellschaft" hinzu, die vierte Bezeichnung zur Charakterisierung der Raum-Zeiteinheit einführe, über die es hier geht, was ja nur zeigt, wieviele Diskurse im Spiel sind – nimmt die Aufforderung und Notwendigkeit reflexiven Handelns nicht nur für Lerner, sondern auch für Bildungseinrichtungen zu. Auf die Situation der Lerner im Übergang gehe ich weiter unten ausführlicher ein (s. Abschnitt Yoyoisierung des Lebenslaufs), hier geht es mir um die Situation der Institutionen und der diesbezüglichen Diskurse.

Wenn Lernen in Wissensgesellschaften unter einer Lebenslaufperspektive definiert wird und lebenslanges Lernen eine neue Entwicklungsaufgabe für Kinder, Jugendliche und junge Erwachsene wird, so erfordert dies eine Zusammenschau von pädagogischen Konzepten, bildungspolitischen Reformen und jugendsoziologischen Einsichten. Es müssen also Diskurse zusammengefügt werden, die bisher getrennt voneinander geführt wurden und mit getrennten Politiken verbunden waren. Die aktuellen Probleme, die Jugendliche und junge Erwachsene bei ihrem Übergang auf den Arbeitsmarkt erfahren, erzwingen eine solche Zusammenschau, denn in dieser Phase im Leben von Lernern treten die Schwächen des Bildungs- und Ausbildungssystems besonders deutlich hervor und können, wie ich meine, nur durch eine Diskurs- und Politikintegration sinnvoll angegangen werden.

Die pädagogischen Probleme in europäischen Bildungssystemen betreffen eine zunehmende Spannung zwischen formalen und informellen Lernarrangements. Infolgedessen drehen sich die Diskurse und Reformüberlegungen um neue Kombinationen zwischen formalem und nicht-formalem Lernen. Im Vergleich mit vor etwa zehn Jahren[1] und unter dem steigenden Druck von Kritik haben Schulen angefangen, über ihre Zukunft nachzudenken. In Deutschland hat der PISA-Schock diesen Prozess beschleunigt, aber auch in den Niederlanden, die an der PISA-Studie nicht beteiligt waren, gibt es Experimente, um Lernen attraktiver zu machen (OECD 2001a; Dohmen 2002; Tully 2002; Onderwijsraad 2003). Wie kann, so die Frage, außerschulisches Lernen organisatorisch mit schulischem Lernen verbunden werden? Diese Frage hat die Diskussion um Ganztagsschulen wieder aufleben lassen (vgl. für eine Übersicht mit verschiedenen Länderstudien Otto/Coelen, 2004). In einem größeren Zusammenhang geht es dabei um das Verhältnis, in das formales und nicht-formales Lernen zueinander gebracht werden sollen.

Damit stellt sich die Frage nach dem Charakter dieser Lernformen. In einschlägigen europäischen Dokumenten werden sie wie folgt definiert: „Das *formale Lernen* erfolgt in Schulen oder Berufsbildungseinrichtungen und wird mit einem Befähigungsnachweis bestätigt. Es ist (in Bezug auf Lernziele, Lernzeit oder Lernunterstützung) strukturiert. Das *nicht formale Lernen* erfolgt nicht in der Schule oder Berufseinrichtungen und führt üblicherweise nicht zu einem Abschluss, der mit einem Befähigungsnachweis bestätigt wird. Es ist jedoch sowohl strukturiert als auch gezielt. Das *informelle Lernen* erfolgt nicht in Schulen oder Berufsbildungseinrichtungen, wird nicht mit einem Befähigungsnachweis bestätigt und ist nicht strukturiert.[2] Es entspringt den alltäglichen Aktivitäten am Arbeitsplatz, in der Familie oder in der Freizeit. Es kann gezielt erfolgen, ist in den meisten Fällen jedoch unbeabsichtigt (oder zufällig)." (European Commission 2001, 44).

Diese definitorischen Unterscheidungen geben an sich noch keine Hinweise darauf, wie bildungspolitische und organisatorische Verknüpfungen zwischen den unterschiedlichen Lernformen aussehen

---

1   Am 22. April 1992 veröffentlichte die Frankfurter Rundschau unter dem Titel: Lernen für Europa – die Ohnmacht der (Pflicht-)Schule? „Zehn provozierende Thesen zum Scheitern der nationalen Bildungspolitiken" der Autorin. Sie haben nichts von ihrer Aktualität verloren, hingegen ist die Diskussion inzwischen viel offener geworden.

2   Vgl. dazu Tully (2002) und Tully's Beitrag in diesem Band.

könnten. Wenn zur Zeit, und mit ausgelöst durch den PISA-Schock, Ganztagsbildung als Lösung diskutiert wird, so muss hierbei bedacht werden, dass die erwünschten Vorteile gegenüber der Halbtagsregelschule durch eine Trennung in curricular zertifizierte und extra-curricular nicht zertifizierte Lerninhalte zunichte gemacht werden könnten. Die Kontraproduktivität schulischen Lernens würde nicht unbedingt beseitigt: Morgens wird wie bisher in streng geschiedenen Altersgruppen und Schulformen das formale Curriculum vollzogen, es werden wie bisher Noten gegeben und Abschlusszeugnisse ausgeteilt, nachmittags werden auf (halb-)freiwilliger Basis extra-curriculare Aktivitäten angeboten, die nicht benotet werden und deswegen in der offiziellen Schulwährung weniger wert sind. Es bleibt also bei dem Konzept der Ganztagsbildung offen, ob und wie das formale Curriculum, also der eiserne Kern von Schul- und Ausbildung, so reformiert werden kann, dass es zu einer sinnvollen Verbindung von curricularen und extra-curricularen Inhalten und Lernformen kommt, in der beide, formale und nicht-formale Lernleistungen honoriert werden. Bisher ist zu konstatieren, dass vom formalen Curriculum nicht ausgeschöpfte Potenzen der Lerner in andere Aktivitäten fließen, wie Schuleschwänzen, Umweglernen, Hobbies nachgehen u.Ä.

Historisch hat formales Lernen in schulischen Einrichtungen nicht-formalem Lernen in außerschulischen Bezügen voraus, dass es gesellschaftlich mehr Macht und Einfluss hat, sein Machtfeld ist klar umgrenzt, die Spieler auf diesem Feld sind in Berufsverbänden und starken Verwaltungen organisiert, Lehrroutinen sind etabliert und die Sanktionsmacht über die Lerner ist in klaren Regeln festgeschrieben. Der wichtigste Einflussfaktor ist die Zertifizierungsmacht von Schule und Berufsausbildung. Auf ihr gründet die Macht über Inhalt und Form des Unterrichts – und damit über die Lerner. Demgegenüber beruht nicht-formales Lernen auf Freiwilligkeit, und es spielt sich auf einem Machtfeld mit weniger gesellschaftlichem Einfluss ab, wie an geringer professionalisierten Berufskräften, einem informellen Umgangston zwischen Lernern und Lehrern/Begleitern und einer größeren Variabilität der Inhalte und Benutzer ablesbar ist (siehe auch Bourdieu 2001; Adick 2003; Titze 2002).

Wie sind nun unter diesen Umständen beide Lernformen gleichrangig zu bewerten und zu behandeln? Eine von Vertretern von nicht-formalem Lernen vorgeschlagene Lösung ist, auch die durch extra-curriculare Aktivitäten erworbenen Fähigkeiten zu zertifizieren und damit (auf dem Arbeitsmarkt) „verkaufbar" zu machen. Diese Strate-

gie wird von den übergeordneten europäischen Instanzen mehr be-
fürwortet als von nationalen Vertretern (CEDEFOP 2003). Erstere
erhoffen sich damit eine Auflockerung der Lernlandschaft, letztere
befürchten, dass der sanfte Kern von außerschulischem Lernen durch
Zertifizierung in Gefahr gerät. Für beide Standpunkte gibt es gute Argumente, und das macht die Diskussion so schwierig. Ohne Zertifizierungsmacht bleibt nicht-formales Lernen im wahrsten Sinn des Wor-
tes außen vor und tastet das „eiserne Curriculum" nicht an, dem immer mehr Lerner angesichts vieler anderer Lernorte und -freuden nur
noch widerwillig folgen. In dem Maße aber, wie nicht-formales Lernen formalisiert wird, könnte es wohlmöglich einen ähnliche Zwangs-
charakter annehmen wie das schulische Pflichtlernen und seine Attraktivität verlieren (vgl. hierzu auch Colley u.a. 2003, S. 55 ff.; auch
Dohmer 2001, S. 78 ff.).

Schauen wir uns an, wie die OECD über die Bildungskrise und
evtl. Lösungen denkt, schließlich ist sie die wichtigste internationale
Organisation auf diesem Gebiet. In einer Veröffentlichung in ihrer
Reihe „Schooling for Tomorrow" werden sechs Szenarien ausgearbei-
tet, die nach Meinung von Experten für die nahe Zukunft (15–20
Jahre) in Frage kommen (OECD 2001b, S. 77–109):

1. Ein Schul- und Bildungssystem, das im wesentlichen auf die
   Strukturen seiner 100-jährigen Geschichte baut und ganz eindeutig
   formales Lernen als wichtigste Lernform ansieht und anerkennt.
   Reformen beziehen sich auf das formale Curriculum, etwa die ver-
   stärkte Nutzung von ICT in der Schule. Nicht-formale Strukturen
   werden als „patchy connections between educational and ,non-
   educational' community uses of school facilities" vorgestellt. Es
   bleibt eine klare Priorität nationaler und lokaler gegenüber internationaler Kontextualisierung von Bildung bestehen, trotz zuneh-
   mendem Druck durch internationale Vergleichsstudien.

2. Ein Schul- und Bildungssystem, das Leistungssteigerung durch
   mehr Privatisierung erreichen will und auf Marktwirkung setzt;
   mehr Bildungsungleichheit durch diversifizierte Bildungslaufbahnen wird in Kauf genommen. Angesichts lebenslangen Lernens sind
   Bildungslaufbahnen nicht nur auf formale Bildungseinrichtungen
   und Curricula beschränkt, sondern können auch außerschulische
   Aktivitäten umfassen. Lokale, nationale und internationale stake-
   holders nehmen Einfluss auf Bildungsorganisationen.

Diese beiden Szenarien sind nach Meinung der Experten sozusagen Verlängerungen der bestehenden Tendenzen im Bildungsbereich. Hiervon setzen sie vier weitere Szenarien ab, zwei „re-schooling" und zwei „de-schooling" Modelle:

3. Ganztagsschulen im Sinne von community schools, also mit einer engen Verbindung zur lokalen Umwelt; mehr Freiraum für individualisierte Lernwege; größere Bedeutung für Bürgerschaftserziehung und die Möglichkeiten, nicht-formale Qualifikationen auch im Hinblick auf lebenslanges Lernen zu zertifizieren; Aufweichung starrer Altersgrenzen und Berufsansprüche – die offene Schule. Einflussnahme insbesondere auf lokalem Niveau.

4. Individualisierte Programme im Sinne von Excellence-Schulen; kognitive Curricula und Leistungsmessung; formale neben non-formaler Zertifizierung, erstere aber wichtiger. Explizite Bezugnahme auf lebenslanges Lernen durch Kooperation mit tertiären Bildungseinrichtungen und Wissensindustrien; intensive Schülerbegleitung soll Leistungen steigern und Ausschuss reduzieren; flachere organisatorische Strukturen; internationale Ausrichtung.

5. Von den beiden Entschulungsmodellen betrifft eines ein „worst case scenario", das durch katastrophalen Lehrermangel verursacht wird und dessen mögliche neue Strukturen am wenigsten deutlich sind; ich lasse es deshalb hier außer Betracht. Das andere Modell ist:

6. Eine Netzwerkschule; sie kommt zustande durch eine zunehmende Kritik von wohlhabenden (weißen) Eltern, die der „alten Schule" den Rücken zukehren; es bilden sich vielfältige neue Lernorte, die lokal und/oder virtuell vernetzt sind; nationale Autoritäten sind weitgehend ausgeschaltet zugunsten von lokalen und/oder internationalen Einflüssen; die strenge Trennung von Lehrer- und Schülerrollen wird tendenziell durchbrochen; vielfältige Lehr-Lernformen werden ausprobiert und angewendet. Sozial- und bildungsbenachteiligte Schüler müssen weiterhin von (traditionellen) öffentlichen Schulen versorgt werden. Die Netzwerkschule hat einiges mit Modell 2 gemeinsam.

Zu betonen ist, dass es sich bei den Modellen um eine *transnationale* Analyse handelt, sie betrifft also im Prinzip alle europäischen Bildungssysteme, die Modelle wurden auf der Grundlage heutiger Schulsysteme und ihrer Mängel entwickelt. Für die beiden Bildungssysteme, die ich selbst gut übersehe, das deutsche und das niederländische,

kann ich die Relevanz der OECD-Analyse bestätigen: Die Schwächen
beider Systeme liegen bei früher Selektion, einer starken Formalisierung der Curricula, einer relativ starren und hierarchischen Organisation und einer nationalen, keiner europäisch-internationalen Ausrichtung. Dabei sind die Niederlande gegenüber Deutschland insofern
„weiter", als sie experimentierfreudiger in Bezug auf Ganztagsbildung
und Marktwirkung sind.

Auch für andere europäische Länder gilt, dass die OECD-Modelle
gleichsam Negativfolien der existierenden Bildungssysteme sind. Es
bedürfte allerdings nationaler Detailstudien, um zu ermitteln, welche
der Szenarien in absehbarer Zukunft in den entsprechenden Ländern
Realität werden. Natürlich sind Mischungen zwischen den Charakte-
ristiken der verschiedenen Szenarien denkbar, insbesondere ein *Nebeneinander* von Modellen, in denen jeweils verschiedene Mischungen
von formalem und nicht-formalem Lernen in Schule und Ausbildung
verwirklicht werden. Die Wahrscheinlichkeit eines solchen Nebenein-
anders wird die bereits bestehenden Bildungsungleichheiten in den
nachwachsenden Generationen eher erhöhen als abschwächen, so steht
zu erwarten.

Die Modelle gehen insgesamt von einem *abnehmendem Einfluss
nationaler* zugunsten lokaler und/oder internationaler Kontrollen und
Anforderungen an die Bildungssysteme aus. Eine solche Entwicklung
zeigt sich in der Tat an der zunehmenden Bedeutung von internationalen Leistungsmessungen à la PISA und TIMMS, die zu einer Angleichung von Bildungsstandards führen (werden) (Rihm 2003).
Während aber formale Kriterien eine immer größere Verbindlichkeit
bekommen, hinken Curriculumreformen, die die politisch-kulturelle
und wirtschaftliche Europäisierung *didaktisch* nutzen würden, hinter-
her, wie etwa das Lernen durch interkulturelle Austauschprogramme,
eine transnationale Vernetzung von Lehrern und ihren Ausbildungs-
erfahrungen, neue Lernprojekte im Rahmen von aktuellen Arbeits-
marktproblemen, denen Jugendliche beim Übergang begegnen, etc.
(Hamburger/Heck 1999; du Bois-Reymond 2004).

In den Modellen fällt die *Abwesenheit der Bildungsbenutzer*, also der
Lerner selbst auf. Ihre Lernbedürfnisse oder Frustrationen werden nur
am Rande oder gar nicht erwähnt. Wir können, wie dies die OECD-
Experten in ihrer Beurteilung der Modelle auch tun, davon ausgehen,
dass das 3. Modell, das der Ganztagsschule mit lokalem Bezug und
sowohl formalen als nicht-formalen Curricula, den Lern- und Lebens-
bedürfnissen heutiger Jugendlicher am nächsten kommt. In dieser

Bildungsvorstellung spielt *partizipatorisches Lernen* eine Doppelrolle: Zum einen stimulieren derartige Schulen, die ja seit den 20er Jahren in den USA in Form der community school, und in Europa in der Reformbewegung und als Ausnahmen bis heute bestanden und bestehen[3], das kollektive Engagement ihrer Benutzer, nicht nur der Schüler, sondern auch der Lehrer, Eltern und anderer Vertreter aus dem Umfeld der Bildungseinrichtung, also eine aktive Teilhabe und Teilnahme der Benutzer an Inhalt und Organisation. Zum anderen erhöhen derartige Bildungsstätten die individuelle Identifikation mit der eigenen Lernkarriere, eben weil die Lerner Einfluss auf sie nehmen können.

Damit komme ich auf Veränderungen im Lebenslauf jugendlicher Lerner zu sprechen, die partizipatorisches Lernen nicht nur wünschenswert, sondern geradezu notwendig machen.

3. Yoyoisierung des Lebenslaufs

War der Lebenslauf von Menschen noch bis vor wenigen Jahrzehnten in klare Phasen unterschieden, so ist dies heute, in den Turbulenzen der Spätmoderne, nur noch bedingt der Fall. Jugendsoziologen fragen sich, inwieweit es überhaupt noch sinnvoll ist, von einem in Phasen strukturierten Lebenslauf zu sprechen. Ist es nicht vielmehr so, dass sich früher fest institutionalisierte Lebensphasen auflösen, einander überlappen und gleichzeitig widersprechen, wenn man tradierte Definitionsmaßstäbe anlegt? Insbesondere die Übergänge von der Kindheit in die Jugend und von der Jugend ins Erwachsensein haben ihre Eindeutigkeit verloren. Übergänge selbst sind problematisch geworden. Dies gilt ganz besonders für den Übergang von der Jugend ins weitere Erwachsenenleben, und hier richtet sich die Aufmerksamkeit von Forschern und Politikern vor allem auf den Übergang von der Schule auf den Arbeitsmarkt. Dieser Übergang regelte früher den Erwerb eines neuen Status: den des Erwachsenen. Erwachsenheit war bis vor kurzem identisch mit ökonomischer Unabhängigkeit – jedenfalls für den Mann als Haupternährer. Aber auch die Frauen haben sich in den meisten europäischen Ländern die ökonomische Unabhängigkeit erkämpft (Corijn/Klijzing 2001). Fragt man heutige Jugendliche, womit sie Erwachsensein verbinden, so lassen sie sich darüber nicht mehr eindeutig im Sinne der genderspezifischen Normalbiographie aus, mit

---

3 Vgl. z.B. die Arbeiten des Instituts für Produktives Lernen in Europa (www.iple.de).

Beruf und Familie als Hauptindikatoren, sondern sie betonen daneben vor allem das Unabhängigwerden, und viele junge Menschen halten sich bis weit in ihr drittes Lebensjahrzehnt für sowohl jung als erwachsen, oder sie sagen gar, dass sie nie erwachsen werden wollen, bzw. diesen Prozess als nie abgeschlossen betrachten; sie verbinden das „alte" Erwachsenwerden mit einer Beschränkung von Freiheitsspielräumen, und die wollen sie sich nicht nehmen lassen (Plug u.a. 2003).

Die europäische Forschungsgruppe EGRIS erfasst Tendenzen der Fragmentierung und Destandardisierung in den Lebensläufen heutiger Jugendlicher und junger Erwachsene mit dem Begriff der „Yoyoisierung": Das für die Moderne geltende lineare Modell wird tendenziell von einem Modell abgelöst bzw. überlagert, in dem mehrere Status gleichzeitig eingenommen werden können oder müssen, etwa ein Student, der neben seinem Studium eine Ich-AG gründet, oder eine arbeitslose junge Mutter, die in eine Berufsausbildungsmaßnahme eingegliedert wird. In beiden Fällen vereinen sich in diesen Konstellationen Übergänge und Lebensphasen, die früher auseinanderlagen: Studium und Arbeit; Mutterschaft und Ausbildung (du Bois-Reymond/López Blasco 2003; vgl. auch den DJI Survey, der zu ähnlichen Ergebnissen kommt.

Generell weist das Modell der Yoyoisierung auf zunehmende Kontingenzerfahrungen von Individuen hin, die zwar Lebensentscheidungen treffen müssen – insbesondere im Schul- und Ausbildungsbereich –, aber stets weniger Gewissheit haben, ob das gewünschte Ergebnis sich auch einstellt. Kontingenzerfahrungen werden insbesondere in zwei Lebensbereichen gemacht: dem der persönlichen Beziehungen und dem der Arbeit. Zwar gehen die meisten europäischen Jugendlichen noch stets davon aus, im Rahmen einer stabilen heterogenen Zweierbeziehung eine Familie zu gründen (IARD 2001), aber der Weg dorthin ist viel weniger gradlinig als früher und führt eher in die pluralisierte als in die Normfamilie.

Seit Jugendarbeitslosigkeit für europäische Jugendliche und junge Erwachsene ein Massenphänomen geworden ist, wenn auch mit großen länderspezifischen Unterschieden (Gallie/Paugam 2000), hat der einst so einschneidende Übergang von der unbezahlten Lernarbeit in bezahlte Arbeit viel von seiner lebenslaufstrukturierenden Kraft verloren. Zwar gilt auch hier, dass die meisten jungen Menschen eine bezahlte Arbeit für sich erwarten, aber wann sie diese erhalten und ob es sich dabei um eine feste oder befristete Arbeitsstelle handelt, ob sie gut oder schlecht bezahlt wird, und ob sie an die erworbene Bildung und

Ausbildung anschließt – all diese ehemals kalkulierbaren Bedingungen sind heute völlig unkalkulierbar geworden. Der Entgrenzung der Lebensbereiche Arbeit und Privatleben/Familie (vgl. DISKURS 3/2002) entspricht eine Entkoppelung von Schulbildung und Arbeitsmarkt; beide tragen zur Yoyoisierung von (jugendlichen) Lebensläufen bei – oder sind Teil von ihr.

Die Jugendlichen und jungen Erwachsenen geraten angesichts der Arbeitsmarktkrise in ein eigenartiges Dilemma: Einerseits erfahren sie eine zunehmende Entkoppelung von Schule/Ausbildung und Arbeitsmarkt – d.h. Lernarbeit führt nicht notwendigerweise zu einer festen bezahlten Arbeit; andererseits wird ihnen von Staat und Gesellschaft immer mehr Lernarbeit abverlangt – mit dem nicht eingelösten Versprechen, Lernarbeit zahle sich aus. Die Rhetorik, mit der das Konzept des lebenslangen Lernens umhüllt ist, muss dieses uneingelöste – und unter den herrschenden Gesetzen von Kapitalismus und Globalisierung uneinlösbare – Versprechen verschleiern. Lebenslanges Lernen beinhaltet aber selbst ein Dilemma: Einerseits suggeriert das Konzept *freiwilliges* und *indiviualisiertes Lernen*; andererseits lässt sich zeigen, dass lebenslanges Lernen den Individuen unter Strafe ihres Ausschlusses vom Arbeitsmarkt aufgezwungen wird (Coffield 1999).

Diese „Lern-Dilemmata" führen uns noch einmal in die Schule zurück. Im historischen Rückblick ist die gegenwärtige Schulkrise das Ergebnis des folgenden Widerspruchs: Die *nationale Pflichtschule* war für die Etablierung der klassen- und geschlechtsspezifischen Normalbiographie funktional und demokratisch legitimiert. Sie setzte sich zwischen ca. 1870 und 1920 in allen europäischen Ländern durch – wenn auch mit nationalen Zeitverschiebungen. Sie kann als das größte und erfolgreichste Projekt der Moderne angesehen werden; flächendeckend (die Fläche Europas bedeckend) wurde die Schulpflicht für Kinder von ca. 6–15 Jahren eingeführt. Der entscheidende Schritt zur Institutionalisierung des Lebenslaufes, wie Kohli (1985) diesen analysiert hat, war getan.

Schulpflicht beruht auf Lernzwang und damit im Prinzip auf extrinsischer Motivation. Das war kein Problem, solange es gesellschaftlich ausreichte, ja selbst im Rahmen einer Klassengesellschaft und Klassenschule funktional war, dass wenige viel und viele wenig lernten. Kein europäisches Land hat dieses Verhältnis in seiner Schulpolitik anders bestimmt. In den letzten Jahrzehnten beginnt sich das Verhältnis umzukehren: Viele (alle) sollen viel (sehr viel) lernen und nur wenige (niemand) wenig. Aus nationalen Gesellschaften ist tendenziell

eine globalisierte Weltgemeinschaft geworden. Unter diesen neuen
Bedingungen funktioniert die Schulpflicht nicht mehr im Sinne eines
verbrieften Lernrechts, und aus extrinsischen Lernern müssen tendenziell intrinsisch motivierte werden, denn nur so ist Dauerlernen in
Wissensgesellschaften effektiv. Ohne ein Minimum an intrinsischer
Motivation – aber wie groß ist es oder muss es gemacht werden? –
können die Individuen keinen Lernhabitus entwickeln, der sie ein Leben lang durch die Wissens- und Risikogesellschaft trägt. Einen solchen Lernhabitus müssen sie in ihre destandardisierten Lebensläufe
integrieren. Nicht-formale und informalisierte Lehr- und Lernbezie-
hungen entsprechen derartigen neuen Lebensläufen.

Den Nationalstaaten mit ihren überkommenen Bildungssystemen
werden diese Zusammenhänge und Widersprüche unter dem Druck
internationaler Konkurrenz und durch die zunehmenden Spannungen
zwischen destandardisierten Lebensläufen und neuen Arbeits-
marktanforderungen allmählich bewusst (vgl. hierzu auch Zeitschrift
für Erziehungswissenschaft 2/2003). Ob und wie Veränderungen zustande kommen können, die massenhaftes intrinsisches Lernen ermöglichen, ist zur Zeit eine der brennendsten gesellschaftlichen Fragen in Europa.

4. Partizipatorisches Lernen

In den Konzepten nicht-formalen Lernens erfahren die tradierten
Rollen von Lernern und Lehrern tendenziell eine Umwertung zugunsten der Lerner: ihre Lernbedürfnisse und Lern(de)motivation stehen
im Vordergrund, und das erfordert aktive und engagierte Teilnahme
und Teilhabe am Lernprozess. Das Machtgefälle, das die Beziehungen
zwischen den beiden Parteien Lehrer – Schüler im offiziellen Curriculum regelt, nivelliert sich in nicht-formalen Lernprozessen.

Die Forschungsgruppe EGRIS[4] interessierte nun, was partizipatorisches Lernen für verschiedene Gruppen europäischer Jugendlicher in

---

4   EGRIS (European Group for Integrated Research). Das Projekt heißt: „Youth Policy
    and Participation. Potentials of Participation and Informal Learning for the Transi-
    tion of Young People to the Labour Market. A Comparison in Ten European Regi-
    ons" (YOYO), finanziert von der EU im Rahmen ihres 5. Rahmenprogramms. Bei
    den Ländern/Regionen handelt es sich um Dänemark, Ost- und Westdeutschland,
    Großbritannien (Nordirland), Irland (Republik), Italien, Niederlande, Portugal,
    Rumänien und Spanien.

ihrer Übergangsphase zu leisten im Stande ist. In zehn ausgewählten europäischen Ländern/Regionen suchten wir nach *best examples* für Jugendliche und junge Erwachsene, die Schwierigkeiten bei ihrem Übergang auf den Arbeitsmarkt hatten. Die Projekte repräsentieren ein Kontinuum zwischen dem „weichen" Sektor von Jugendarbeit und dem „harten" Sektor von Eingliederungsmaßnahmen für den Arbeitsmarkt. Die Teilnehmer an diesen Projekten hatten frustrierende Lernerfahrungen im Schul- und Ausbildungsbereich hinter sich. Sie waren an der institutionellen Logik von Übergangsregimen gescheitert, indem sie z.B. die Schule vorzeitig verlassen hatten, in schematischen Ausbildungsmaßnahmen festgelaufen waren, oder sich in einer Spirale von kurzfristigen unqualifizierten Jobs oder Arbeitslosigkeit befanden. Sie realisierten, mit anderen Worten, „Yoyo-Trajekte" mit wenig Aussicht auf eine befriedigende Arbeit. Wir bezeichneten sie als die „Lernfrustrierten". Ihnen sollten die Projekte Hilfen bieten, sich zu (re-)qualifizieren und neue Lernmotivation aufzubauen.

Als Kontrastgruppe rekrutierten wir eine zweite Gruppe, die wir „biographische Trendsetter" nannten. Hier handelte sich um Jugendliche und junge Erwachsene, die inventive neue Lernstrategien ausprobierten, indem sie nicht nur das formale Bildungswesen für ihre eigenen Interessen nutzten, sondern sich daneben oder danach eigene Lernprojekte schufen, in denen sie ihre Interessen verwirklichten. Sie hatten im Gegensatz zu den Frustrierten durchgängig eine hohe intrinsische Lernmotivation – nicht sosehr in den formalen Bildungseinrichtungen als vielmehr in selbstentwickelten und oft abweichenden Lernpfaden und Lernkontexten. Die Lernerfahrungen und -eigenschaften der Trendsetter sollten uns für die Potentiale von nicht-formalen und informellen Lernkontexten sensibilisieren, die wir durch die Analyse der ausgewählten Jugendarbeits- und Beschäftigungsprojekte vertiefen wollten.

Mit beiden Gruppen Jugendlicher führten wir biographische Einzel- und Focus-Gruppen Interviews. Wir befragten sie zu ihren Lern- und Arbeitskarrieren und -erfahrungen, ihren Schwierigkeiten bzw. Lösungen beim Übergang von der Schule auf den Arbeitsmarkt oder in weiterführende Ausbildungen, über institutionelle Beratung und familiäre Unterstützung, über ihre Freundes- und andere Netzwerke, und über ihre Zukunftsvorstellungen und -pläne. Das Alter schwankte zwischen 16 und 29 Jahren. Außerdem interviewten wir Projektmitarbeiter sowie Experten aus dem lokalen Umfeld (Vertreter von Ar-

beitsvermittlungsbüros; Jugend- und Berufsbildungsexperten; Wirt-
schaftsvertreter, NGO-Mitarbeiter u.a.).[5]

Jedes der insgesamt ca. 30 *best examples* analysierten wir unter dem
Gesichtspunkt, wie dort nicht-formale Curricula und informelle Lern-
konzepte realisiert werden, und wie die Teilnehmer die Angebote für
ihre Lernkarrieren nutzen. Diese Analysen sind zum gegenwärtigen
Zeitpunkt noch nicht abgeschlossen. Ich wähle hier einen Ausschnitt,
indem ich mich auf exemplarische Projekte aus drei Ländern konzen-
triere, die kontrastierende Wohlfahrts- und Übergangsregime repräsentieren (vgl. Esping-Andersen 1990; Gallie/Paugam 2000; Walther
2003):

- Dänemark als Vertreter eines universalistischen Regimes
- Spanien als Vertreter eines sub-protektiven Regimes
- Rumänien als Vertreter eines post-sozialistischen Regimes als Son-
  derfall von sub-protektiven Regimen.

In den universalistischen Regimen der skandinavischen Länder zeichnen sich Übergangsregime durch wohlfahrtsstaatlich abgesicherte und
jedem Individuum zugängliche staatliche Leistungen und Rechte aus.
Der Fokus der Übergangspolitik liegt auf der Aktivierung der Lernmotivation und Lernkapazitäten der Jugendlichen und jungen Erwachsenen, um ihnen optimale Chancen auf dem Arbeitsmarkt zu
verschaffen. Demgegenüber stellen die sub-protektiven Regime keine
oder kaum staatliche Mittel für Übergangsmaßnahmen bereit, die Risiken des Übergangs werden weitgehend auf das Individuum und die
Familie abgewälzt. Auch ist die Berufsausbildung weniger institutio-
nalisiert als in Ländern mit universalistischen oder auch konservativ
arbeitsmarkt-orientierten Ländern wie etwa Deutschland und die
Niederlande, die Berufsanfängern durch ihre dualen Systeme in vieler
Hinsicht bessere Startchancen geben.

In *Dänemark* bieten Projekte wie das *Open Youth Education Project*
ihren Teilnehmern einen beschützten Raum, in dem sie ihre (weiteren) Schul-, Ausbildungs- und Berufswünsche konkretisieren und
unter fachlich qualifizierter Begleitung fortsetzen können. Persönlich-
keitsentwicklung im Rahmen eines weitgehend individualisierten

---

5   Vgl. für diese und folgende Zitate für Dänemark: Bechmann Jensen/Holmboe
    (2003); für Spanien: López Blasco u.a. (2003); für Rumänien: Marcovici/Jacob
    (2003). Seitenzahlen bei Zitaten beziehen sich auf den jeweiligen Report; diese sind
    zu finden unter www.iris-egris.de/yoyo.

Kontextes und informellen neben formellen Lernangeboten sehen sowohl die Teilnehmer als das Personal als eine Voraussetzung für den Erwerb formaler Qualifikationen an. Die Jugendlichen und jungen Erwachsenen treffen ihresgleichen in einem offenen „Lernhaus" mit Angebotscurriculum; Wünsche nach Unabhängigkeit, z.B. von zuhause auszuziehen und mit Gleichaltrigen in Wohngemeinschaften zu leben, können sie in einem derartigen Projekt verwirklichen. Im Zusammensein mit Peers und Lehrpersonal lernen sie, sich eine eigene Meinung zu bilden und diese zu vertreten. Sie lernen, Außenkontakte zu Schulen, Ausbildungsstätten und dem Arbeitsmarkt zu knüpfen. Durch all diese Erfahrungen können Lerndemotivationen aufgelöst und neue Lernstrukturen aufgebaut werden.

Partizipatorisches Lernen hat für die Teilnehmer sowohl eine individuelle Bedeutung – sich seiner eigenen Potenzen zu vergewissern und damit mehr Chancen zu erwerben – als eine kollektive Dimension, indem die Teilnehmer Stellung zu aktuellen Fragen beziehen, sich in der Lokalpolitik engagieren und sich auch dadurch neue Qualifikationen aneignen. In beiden Fällen ist es das Individuum selbst, das bestimmt, was es lernen will: „This means that I only learn what I want, and that it is me who decides."(S. 11) (5). Und ein junges Mädchen schrieb in ihren Bildungsplan (*education plan*), den alle Teilnehmer für sich entwickeln, sie werde eine Reise nach Südamerika unternehmen, um Spanisch zu lernen und einen anderen Weltteil und seine Probleme kennenzulernen. Partizipatorisches Lernen ist für die Teilnehmer eine auf die Person zugeschnittene Mischung aus individualisiertem Lernen mit nicht-formalen Curricula, sowie informellem Lernen im Peerverband. Es ist in allen Fällen exploratives Lernen und im weitesten (post-Goetheschen) Sinn Lernen „wer du bist". Dieses Konzept eines *offenen Curriculums* wird von den Lernsubjekten selbst gefüllt: „We were active participants ourselves, and it was we who were the classes, there weren't any books, there was discussion." (S. 13). Keine der Lerntätigkeiten wird mit offiziellen Abschlusszeugnissen zertifiziert, aber die Teilnehmer werden ermutigt, sich auch formale Qualifikationen anzueignen und somit eine Kombination von nicht-formalen und formalen Qualifikationen für ihren weiteren Berufsweg herzustellen.

Die Beziehung zu den Lehrkräften beschreiben die Teilnehmer im Kontrast mit früheren Schulerfahrungen als befreiend, wobei sie insbesondere den *informellen Umgangston* hervorheben, der Kontakte auch außerhalb des Projekts zulässt, wo sie ihre Begleiter als Privatpersonen erleben. Die Beziehung zwischen den Generationen wird neu bestimmt. Beide Vertreter bringen sich mit ihrer ganzen Person in die Beziehung ein und nicht nur mit institutionell definierten Teilrollen; damit wird die Trennung zwischen Lernen und Leben für beide, Lehrer/Begleiter und Schüler/Jugendliche, *tendenziell* aufgehoben. Es gibt eine direkte Beziehung zwischen der Motivation der Teilnehmer und der Begleiter: Nur wenn auch die der Begleiter hoch ist, verändern sich die Lerndispositionen der Jugendlichen und jungen Erwachsenen, die im herrschenden Schul- und Ausbildungsbetrieb beschädigt worden waren.

In westeuropäischen Gesellschaften wird der Jugend ein *Lernmoratorium* gewährt, das aber nicht im formalen Bildungssystem angesiedelt ist, sondern, wie hier im Fall Dänemark, in einem außerschulischen Kontext, der die negativen Folgen und Effekte einer verlängerten Jugendphase und destandardisierter Lebensläufe konterkariert. Partizipatorisches Lernen in derartigen offenen Räumen motiviert die Teilnehmer, ihre Ausbildungen oder anderweitig abgebrochenen Übergangstrajekte wieder auf eine formale Schiene zu stellen – oder aber durch das Projekt auf alternative Trajekte aufmerksam geworden zu sein; so versteht das Projekt das Konzept *empowerment*.

In *Spanien* mit einer der höchsten Jugendarbeitslosenquoten in der EU handelt es sich im Gegensatz zu Dänemark um Projekte, die direkt auf die Eingliederung von Jugendlichen und jungen Erwachsenen in den Arbeitsmarkt gerichtet sind, und die Teilnehmer treten auch mit diesen Erwartungen in das Projekt ein, sie erhoffen sich eine bezahlte Arbeit. Aber auch wenn dies nicht gelingt, bietet das Projekt Raum und Zeit, um sich von frustrierenden Erfahrungen mit missglückten Versuchen, auf dem Arbeitsmarkt Fuß zu fassen, zu erholen. Die Erfahrungen der Teilnehmer zeigen, dass für sie partizipatorisches Lernen mit einem Gefühl verbunden ist, vorübergehend ein Zuhause, eine *Lernheimat* gefunden zu haben: „This is like a community where we know that we have to stick together and solve problems." (S. 15)

Wie in dem besprochenen dänischen Projekt geht es auch hier um *transfer learning*: Erfahrungen mit Partizipation *im* Projekt werden auf politische und soziale Kontexte *außerhalb* des Projekts übertragen. Dies ist in einer Gesellschaft, in der Jugend wenig Rechte hat und wenig staatliche Leistungen erwarten kann, von besonderer emanzipatorischer Bedeutung. Besonders in diesen Ländern mit schlechten Aussichten auf dem Arbeitsmarkt (ähnlich in Portugal, Rumänien) benutzen die jungen Teilnehmer die Projekte auch als Professionalisierungstrajekt: Sie beginnen als Teilnehmer, arbeiten dann ehrenamtlich in dem Projekt und zum Schluss als Vollzeitkräfte; dies z.B. die Karriere eines Jugendlichen mit kleinkrimineller Karriere und mehrjährigem Gefängnisaufenthalt; er sagt:

> „I've been here for the last four and a half years, that's exactly the time without breaking the law I've lived… and I have been in prison for six and a half years (…) Until now! Now I work at the collective. I am in charge of coordination and I am advancing as I cannot believe it myself! Why? Because this people have helped me, they have opened up all doors to me…"(S. 16).

Hier wie in allen anderen Ländern/Projekten spielt die Beziehung zu den Projektbegleitern eine Schlüsselrolle für motiviertes partizipatorisches Lernen. Diese Beziehung beruht, wie verschieden die Projekten ansonsten sein mögen, auf Vertrauen (*trust*) als einer Qualität zwischenmenschlicher Beziehungen, die in der fragmentierten posttraditionalen Gesellschaft umso wichtiger wird, wie (junge) Menschen ohne institutionellen Kompass ihren Weg suchen müssen. Das Vertrauen der Lerner in die Begleitpersonen beruht per definitionem auf freiwilliger Teilnahme, immer wieder betonen sie – nicht nur hier – ihre Abneigung gegen jegliche hierarchische Beziehung, wie sie diese in formalen Bildungseinrichtungen mitgemacht haben. Stattdessen bevorzugen sie einen *informellen Umgangston* von Gleich zu Gleich: „…nothing of the serious school type.. who treated you like.. I am the teacher and you are the student…" – „… the teachers (here) start talking to you in a more natural way, they talk to you like we are talking to each other.. in the school they treated you like… establishing distances…" (S. 16/17). In einem Verhältnis wechselseitigen Vertrauens erfahren die Jugendlichen die Anerkennung, die ihnen in früheren Stationen ihres Lern-, Ausbildungs- und/oder Arbeitslosenlebens versagt war. Gesellschaftliche Integration, sagt Axel Honneth, „vollzieht sich nur auf dem Weg der Institutionalisierung von Anerkennungsprinzipien, die nachvollziehbar regeln, durch welche Formen der wechselseitigen Anerkennung die Mitglieder in den gesellschaftlichen Lebenszusammenhang einbezogen werden" (Fraser/Honneth 2003, S. 205). Dies, das Vertrauen der Jugendlichen und jungen Erwachsenen, dass die Gesellschaft einen Platz für sie bereithält, dass sie nicht nur von einem auf einen anderen Platz geschoben werden, sondern ihn selbst finden, ist der Kern eines Curriculums partizipatorischen Lernens.

Wieweit Jugend von diesem Recht auf einen selbstbestimmten Platz
in der Gesellschaft entfernt ist, zeigt sich am Beispiel *Rumäniens*, einer
Gesellschaft, in der nicht nur Jugendliche und junge Erwachsene sich
im Übergang befinden, sondern eine ganze Gesellschaft. Jugendliche
in osteuropäischen Transitionsgesellschaften haben eine weniger individualisierte Biographie und orientieren sich noch stärker an der geschlechtsspezifischen Normalbiographie. Destandardisierte Lebensläufe haben hier dann auch eine andere Bedeutung als in Westländern:
Es handelt sich weniger um „Yoyoisierung" aufgrund vielfältiger und
reversibler Statuspassagen, sondern mehr um eine Abweichung von
der Normalbiographie durch Armut, soziale Entwurzelung und mangelnde Ressourcen der Familie sowie staatlicher Lücken im Wohlfahrtsregime. Für den Neuaufbau von Jugendarbeit in Transitionsgesellschaften sind insbesondere NGO's unersetzbare Partner (Chis-
holm/Kovacheva 2002). In hunderten von Initiativen realisierten sie
seit dem Umbruch Anfang der 1990er Jahre außerschulische Projekte
für Kinder und Jugendliche. Angesichts der katastrophalen Arbeits-
marktsituation und weitverbreiteter Armut ist für rumänische Jugendliche ein Job das Allerwichtigste.

SOLARIS ist ein (Re-)qualifizierungsprojekt für besonders benachteiligte Jugendliche, das ihnen bei ihrer ökonomisch-sozialen Integration helfen soll. Die Teilnehmer haben eine vergleichsweise (im
Kontrast etwa mit Dänemark) pragmatische Auffassung von „Partizipation"; durch ihre Teilnahme an dem Projekt hoffen sie, eine Arbeitsstelle zu erhalten. Entsprechend droht ihre Motivation zu er-
schlaffen, wenn sie merken, dass sie dieses Ziel nicht erreichen werden.

Das Verhältnis von extrinsischer und intrinsischer Motivation ist in
Transitionsgesellschaften wie der rumänischen notwendigerweise „ex-
trinsisch-lastig"; *first things first*. Das macht uns darauf aufmerksam,
dass intrinsische Motivation und partizipatorisches Lernen situations-
abhängig sind. Ihre Entwicklungschancen hängen ab von gegebenen
bzw. fehlenden Handlungsalternativen. Für viele rumänische Jugendliche ist die Erfahrung in einem nicht-formalen Lernprojekt, wie
NGO's diese entwickeln, ein Schlüsselerlebnis von *empowerment*: „I
understood that each of us can influence the society and if we are fle-
eing from this responsibility we would never have any excuse in case
of failure." (S. 39) Gleichzeitig muss betont werden, dass die Teilnahme an Projekten nicht wirklich freiwillig ist, sondern oft mangels
jeglicher Alternative geschieht. Diese Feststellung verengt und erwei-

tert das Konzept Partizipation gleichzeitig: Durch Zwang büßt es die Voraussetzung der freiwilligen Teilnahme ein, aber indem das Projekt seinen Teilnehmern, möglicherweise zum ersten Mal in ihrem Leben, ein Bewusstsein darüber vermittelt, was Teilhabe an der Gesellschaft (*citizenship*) auch für sie bedeuten kann, öffnet es Handlungsspielräume und Alternativen. Diese finden die Teilnehmer auch hier oft in den NGO-Projekten selbst, indem sie sich zu Mitarbeitern qualifizieren.

Insgesamt fanden wir eine hohe Übereinstimmung zwischen den Lernstrategien, die unsere biographischen Trendsetter (die nicht an den Projekten teilnahmen) für sich selbst entwickelten, und den neuen Lernerfahrungen, die unsere Lernfrustrierten in den partizipatorischen Projekten machten. Hierauf gehe ich im folgenden Abschnitt weiter ein.

5. Zwischenbilanz: Zwischen verschultem und partizipatorischem Lernen

Knüpfen wir nach diesem Ausflug in Projekterfahrungen mit partizipatorischem Lernen wieder an die Überlegungen an, die im ersten, mehr allgemeinen Teil entwickelt wurden. Partizipatorisches Lernen lässt sich dann als *Übergang von Pflichtlernen zu freiwilligem individualisiertem Lernen* verstehen. Das heißt, die historisch-gesellschaftliche Prognose geht dahin, dass sich schulisches Pflichtlernen und partizipatorisches Lernen heute zwar noch unverbunden und oft unversöhnlich gegenüberstehen, dass aber letztere Lernformen und Konzepte in Wissensgesellschaften auf Dauer die größeren Chancen haben. Ich möchte das an der vielfach von unseren Respondenten thematisierten Theorie-Praxis-Kluft und dem gestörten Lehrer-Schüler-Verhältnis verdeutlichen.

Es fällt auf, dass Schüler und Jugendliche in der Ausbildung nie über zuviel Praxisunterricht klagen, sondern immer über zuviel Theorie. Woher kommt diese durchgängige Ablehnung, nicht nur derer mit wenig Schulbildung, sondern auch derer, die höhere Schulzweige besuchen? Es scheint, dass die junge Generation über Klassen- und Ländergrenzen hinweg (wenngleich in der Phänomenologie der Kritik sehr wohl spezifisch) den Wissensbeständen der älteren Generation nicht mehr traut. Dieser Vertrauensverlust hat mit der Destandardisierung von Lebensläufen zu tun: Formales Wissen, in formalen Bildungs- und Ausbildungseinrichtungen angeeignet, garantiert keine individuelle Persönlichkeitsbildung und keine gesellschaftliche Integration mehr, weder in den zentraleuropäischen, noch den südosteuropäischen Ländern. Und wenn man als Jugendlicher einatmet, dass jeder seines Glückes Schmied ist und seinen Weg alleine finden muss, so erscheinen – und erweisen sich oft genug – praktische Kenntnisse und Fähigkeiten theoretischen überlegen. Der Vorwurf der Irrelevanz für die Bewältigung ihres (Arbeits-)Lebens, den Jugendliche dem theoretischen Wissen machen, greift ins Herz des formalen Curriculums. Denn er besagt, ernst genommen, nicht etwa, dass es nichts theoretisch Wissenswertes zu wissen gäbe, sondern vielmehr, dass das offizielle Wissen, das, was die Jugendlichen „theoretisch" nennen, die Wirklichkeit – ihre nämlich – nicht *angemessen* reflektiert. Hierzu steht keineswegs im Widerspruch, dass *alle* Jugendlichen zugeben, dass ein Abschlusszeugnis für ihren weiteren Berufsweg unabdingbar ist; es ist die Tauschwährung auf dem Arbeitsmarkt.

Hierbei ist bedenkenswert, dass es nicht nur die von Marginalisierung und Ausschluss bedrohten Jugendlichen und jungen Erwachsenen sind, die die Kluft zwischen Theorie und Praxis konstatieren. Auch die von uns als Kontrastgruppe rekrutierten biographischen Trendsetter mit einer im Allgemeinen vorteilhafteren Ausgangslage als die Lernfrustrierten tun dies. Auch sie demonstrieren mit ihren Lernkarrieren und ihrer Kritik am offiziellen Curriculum, dass schulisches Wissen nicht alle lebensbiographisch interessanten Alternativen eröffnet. „Theorie" im positiven Sinn ist für sie nicht so sehr die Rezeption von tradiertem Wissen in formalen Lehr-Lernsettings, sondern exemplarische, situative Exploration. Dabei „verfällt" die Unterscheidung in Theorie versus Praxis und ergibt ein fluides, von keiner Hierarchie gesteuertes Hin und Her zwischen beiden Formen der Erkenntnis. Dies ist auch der Fall bei den Lernfrustrierten, nachdem sie in den Projekten positive Lernerfahrungen gemacht haben, bei denen „Theorie" und „Praxis" in einen für sie relevanten Zusammenhang gebracht ist.

Die Kluft zwischen Theorie und Praxis ist historisch-ideologisch mit der Institutionalisierung der Bildungseinrichtungen entstanden, die eine Trennung brachten zwischen „hoher" und „niedriger" Bildung, wobei hohe Bildung gleichgesetzt war mit humanstischer, und niedrige mit berufspraktischer Bildung. Humanistisch Gebildete arbeiteten nicht körperlich, sie bildeten ihre Persönlichkeit; praktisch Gebildete arbeiteten körperlich und für Lohn. „This line of demarcation has in time become, at least in popular apprehension, the normal line between the higher learning and the lower" (Veblen 1970/1899, S. 235). Viele lernten wenig und wenige viel (s.o.). In nivellierten Mittelschichtgesellschaften wird diese Trennung kontraproduktiv; „oben" hat sich das bildungsbürgerliche Ideal aufgelöst, „unten" ist die gute alte Handwerksausbildung obsolet geworden.

Mit der Auflösung einer klaren Unterscheidung zwischen „Theorie" und „Praxis", zwischen „hoher" und „niedriger" Bildung, korrespondiert die Erosion des klassischen Lehrer-Schüler-Verhältnisses, das ja auf dem theoretischen *und* praktischen Wissensvorsprung der Lehrer und Ausbilder beruhte. Wenn Jugendliche heute diese Seite des Generationsverhältnisses kritisch unter die Lupe nehmen, so aus dem begründeten Misstrauen heraus, dass die Lehrpersonen in den formalen Bildungseinrichtungen ihre *Orientierungsmacht* verloren haben. Diese bestand früher sowohl im allgemein bildenden wie im berufsbildenden Bereich aus der Vorbereitung der Schüler auf die jeweils entsprechenden sozialen Rollen und beruflichen Positionen. Die Lehrer „wussten", wie der Lebensweg ihrer jeweiligen Schülerpopulationen nach Schulabschluss verlaufen würde. Das wissen sie heute viel weniger, und ihren Schülern ist das klar. Sie können mit ihren Orientierungsproblemen – welche Ausbildung? Wie weiter? – nicht „landen" und fühlen sich mit Scheininformationen abgespeist, allein gelassen. Wenn sie lernmüde sind, unmotiviert, leistungsschwach, so erfahren sie Lehrer nicht als Helfende, sondern mehr als Gleichgültige oder Zynische.

Destandardisierte Lebensläufe können nur die Individuen selbst steuern, was aber nicht gleichgesetzt werden darf mit Unabhängigkeit von Hilfen. In komplexen gesellschaftlichen Verhältnissen – und um Missverständnisse zu vermeiden: auch arme Gesellschaften, wie z.B. die rumänische sind komplex – haben Jugendliche besonders viel Hilfe nötig. Diese kommt ihnen nun aber nicht mehr in erster Linie von den traditionellen Erziehern aus der formalen Bildung zu. Wir haben über kaum einen Aspekt im formalen Curriculum so viele Klagen von unseren Projektteilnehmern gehört, wie über eine völlig unzureichende Berufsberatung. Das Angebot an Berufsberatung hält weder mit den schnell wechselnden Lebenssituationen von „Yoyoisierten" Schritt, noch ist es auf ihre individuellen Bedürfnisse zugeschnitten; Jugendliche fühlen sich von den Angeboten nicht „gemeint".

In nicht-formalen partizipatorischen Projekten machen sie Kontrasterfahrungen: Lerninhalte sind relevant – der „Theorievorwurf" verstummt. Das Verhältnis zwischen außerschulischen Lehrkräften und jugendlicher Klientel ist informalisiert – Orientierungswissen müssen sich die Teilnehmer zusammen erarbeiten. Für die Jugendlichen und jungen Erwachsenen bedeutet dies, sich der eigenen Fähigkeiten überhaupt erst einmal bewusst zu werden, um sie dann, zusammen mit den (semi-)professionellen Begleitern und den übrigen Teilnehmern, weiterzuentwickeln.

Je nach Land und Wohlfahrtsregime stehen Jugendlichen und jungen Erwachsenen andere Ressourcen zur Verfügung, um Schwierigkeiten des Übergangs zu bewältigen. In den hier präsentierten Vergleichsländern scheint es den dänischen Jugendlichen am besten zu gehen, sie können auf vielfältige Hilfen, staatliche und private, bei ichrem Übergang vertrauen. Demgegenüber haben es spanische und noch mehr rumänische Jugendliche schwerer; staatliche Unterstützung erhalten sie gar nicht oder in viel geringerem Maße, und viele Familien sind überlastet. Sowohl für die biographischen Trendsetter als für die Lernfrustrierten erweist sich der Aufbau und die Pflege von *Netzwerken* als eine zentrale Ressource bei der Bewältigung ihrer gegenwärtigen Lebenssituation und für ihren Übergang auf den Arbeitsmarkt. Dabei kann es sich um familiale Netzwerke handeln, wie insbesondere in italienischen *extended families*, um Peers, die ähnliche Pläne für ein selbständiges Unternehmen haben, und eben auch und vor allem um die Starthilfe, die partizipatorische Projekte bieten. Den Teilnehmern Netzwerkerfahrungen zu vermitteln, gehört zu den wichtigsten Angeboten die partizipatorische Projekte im Gegensatz zu formalen Bildungseinrichtungen machen können.

Über alle Landes- und Regierungsgrenzen hinweg bleiben einige zentrale Beziehungen zwischen Lernanforderungen in Wissens- und Gegenwartsgesellschaften und den jungen Lernern bestehen, die ich abschließend in einigen Punkten zusammenfassen möchte und die gleichzeitig das Konzept des partizipatorischen Lernens umreißen:

– Lernen, das ausschließlich auf einer instrumentellen Lernhaltung beruht, ist schwach (Kritik an formaler Bildung).
– Individualisierte und auf spezifische Lebenssituationen zugeschnittene Lernangebote sind stark, weil sie formales mit nicht-formalem und informellem Lernen verbinden (Forderung nach intelligenten Kombinationen von verschiedenen Lernformen).
– Individualisierte Lernumgebungen beruhen auf kleinen, nicht massiven Lerngruppen (Kritik an Massenschule in Standardsetting).
– Lernen entwickelt dann und dort seine größte Kraft, wenn und wo es in offenen, gleichzeitig geschützten Räumen stattfindet und von

Lehrkräften begleitet wird, die intrinsisch motiviert sind (Forderung nach flexiblen Lernorten und neuer Lehrer-/Begleiterrolle und Ausbildung).

– Bei intrinsischer Lernmotivation gehören Kognition und Emotion zusammen; es gibt kein emotionsfreies Lernen; Emotionen können Widerstände gegen oder Antriebsmotoren für Lernen sein (Forderung nach Anerkennung von Lerntheorien, die dem Rechnung tragen).

– Aktive Teilhabe am eigenen Lernprozess impliziert Teilhabe am außerschulischen kollektiven Leben (nicht nur auf den Arbeitsmarkt bezogenes *empowerment*).

6. Überlegungen zu einer europäischen Jugend- und Bildungspolitik

Kritik an veralteten und die Forderung nach neuen Lehr-Lernformen, so wie dies hier am Konzept des partizipatorischen Lernens unter den Bedingungen eines destandardisierten Lebenslaufes in Wissensgesellschaften exemplifiziert worden ist, stellt hohe Ansprüche an eine nationale und europäische Politik, die auf Jugendliche während ihrer Übergangsphase zugeschnitten ist. Es erweist sich als besonders schwierig, die verschiedenen jugendrelevanten Bereiche in einer sinnvollen Querschnittspolitik zu bündeln.

Ich möchte zum Abschluss auf zwei Konzepte eingehen, die im Rahmen europäischer Forschungsprojekte mit der Absicht entwickelt werden, einer integrierten Querschnittspolitik zuzuarbeiten. Eine politische Umsetzung kann und muss sowohl im nationalen Rahmen geschehen, wie aber angesichts zunehmender Interdependenz europäischer Länder auch auf EU-Ebene, und es bleibt zu hoffen, dass die EU hier ihre Vorreiterrolle, wie sie diese u.a. im Weißbuch 2001 angekündigt hat, weiter ausbaut.

Beide zu besprechenden Konzepte schließen bei partizipatorischem Lernen an. Es handelt sich erstens um das Konzept von *Transitional Labour Markets* (van Lieshout/Wilthagen 2003) und zweitens um *Integrated Transition Policies* (López Blasco u.a. 2003b). Beide Konzepte kritisieren an bestehenden Maßnahmen und Politiken für den Übergang Jugendlicher auf den Arbeitsmarkt, dass sie von einem linearen Lebenslaufmodell ausgehen, das soziale Integration gleichsetzt mit einer Integration in den Arbeitsmarkt, während in europäischen Gegenwartsgesellschaften dieser Übergang viel komplexer und vor allem weniger prognostizierbar geworden ist. Eindimensionale und schematische Maßnahmen, die gleichzeitig für große Gruppen Jugendlicher und junger Erwachsener gelten sollen, greifen bei fragmentierten und aus *verschiedenen* Gründen prekären Lebensläufen nicht oder führen gar zu kontraproduktiven Resultaten, wie etwa eine weitere Demotivierung der betroffenen Zielgruppen.

Das Konzept von *Transitional Labour Markets* geht davon aus, dass die Grenzen zwischen Lebensbereichen und Lebensphasen durchlässig werden. Zu fordern wären demnach neue institutionelle Arrangements, um jungen Erwachsenen während ihrer verschiedenen Übergänge – von der Schule in die Lehre, von der Lehre in die Arbeitslosigkeit, vom Dasein als Single in das einer Familiengründung etc. – Sicherheit und Unterstützung zu bieten, da sonst Arbeitsmarktforderungen nach (noch) mehr Flexibilität zu unakzeptabel hohen Risiken für die Betroffenen führen, im schlimmsten (keineswegs mehr seltenen) Fall zu sozialem Ausschluss. Ihre Rechte als junge Bürger (*citizenship*) dürfen nicht unter zeitweiliger Arbeitslosigkeit leiden. Ökonomische Unsicherheit und weitergehende Flexibilisierung müssen durch ein Minimum an finanzieller Sicherheit kompensiert werden (*flexicurity*). Hierauf muss sowohl nationale wie europäische Arbeits- wie Wohlfahrtsgesetzgebung abgestimmt werden.

Bezieht man dieses makro-ökonomische Konzept auf die Lern- und Lebensbedingungen und -wünsche von Jugendlichen und jungen Erwachsenen, so würden fluide und situationsabhängige Umstände von Individuen nicht mehr an starre Regeln und Ausschlusskriteria gebunden, sondern es würde eine *Korrespondenz* hergestellt zwischen der Makro- und der Mikroebene, zwischen persönlichem, politischem und ökonomischem Handeln. Dies könnte etwa bedeuten, dass Jugendliche und junge Erwachsene finanziell dabei unterstützt werden, wenn sie eine Zusatzausbildung machen wollen, oder wenn sie eine Familie gründen.

Eine Querschnittspolitik, wie wir sie propagieren, muss Wohlfahrts-, Jugend-, Gender- und Familienpolitik so miteinander verzahnen, dass eine Existenzsicherung während der Übergangsperiode Jugendlicher und junger Erwachsener gewährleistet ist. Dabei muss insbesondere die *Reversibilität von Ausbildungs- und Berufswahlen* ermöglicht, in einer schnelllebigen Wissensgesellschaft sogar mit Anreizen unterstützt werden.

Der Bildungssektor könnte möglicherweise der erste Sektor sein, der sich einem *flexicurity*-Konzept öffnet. Es bestünde in einer Verzahnung der verschiedenen Lernmodi und schüfe Lern-Lebensräume, in denen Jugendliche beschützt mit alternativen Lernkarrieren experimentieren könnten; Räume, die gleichzeitig viel offener in die europäische Lernlandschaft blicken, als dies gegenwärtig der Fall ist.

Das Konzept *Integrated Transition Policies* ist von der EGRIS-Forschungsgruppe in mehreren Projekten entwickelt worden. Wir gehen hierbei ebenfalls davon aus, dass eine Politik zum Übergang Jugendlicher mit destandardisierten Lebensläufen in postindustriellen Gesellschaften einen integrativen Charakter haben muss. Die weit auseinander liegenden Lebenslagen Jugendlicher und junger Erwachsener in europäischen Ländern und Regionen erfordern dabei einen doppelten Ansatz: einerseits eine *Kontextualisierung* von Arbeitsmarktpolitik und Berufsbildungsmaßnahmen, um auf lokale, regionale und nationale Besonderheiten einzugehen; nicht jede Bildungsmaßnahme, nicht jedes Arbeitsbeschaffungsprogramm ist universell anwendbar. Andererseits aber kann ein Forschungsprojekt wie das hier vorgestellte YOYO-Projekt, das in verschiedenen europäischen Ländern und Regionen angesiedelt ist und Erfahrungen über verschiedenartige *best examples* partizipatorischen Lernens für diverse Zielgruppen gesammelt hat, sehr wohl zu verallgemeinerbaren Prinzipien kommen, die Bausteine liefern für eine *europäisch verbindliche Jugendpolitik*.

Nicht nur Individuen, auch Institutionen, nationale ebenso wie europäische, müssen ein *reflexives Vermögen* entwickeln, um mit den Auswirkungen von destandardisierten und pluralisierten Lebensläufen und Lebensverhältnissen umzugehen. Denn auch die Entscheidungen von Institutionen, insbesondere im Bildungs- und Ausbildungssystem, sind weniger fest und prognostizierbar geworden, auch sie müssen die Implikationen und Konsequenzen ihrer Handlungen und Maßnahmen überblicken. Es besteht hier demnach eine *Korrespondenz* zwischen individueller und institutioneller Reflexivität. Wo sie nicht existiert, droht vielen, und vielen verschiedenen, Gruppen Jugendlicher und junger Erwachsener soziale Ausgrenzung.

Die Umsetzung des Partizipationskonzepts in einer integrierten Querschnittspolitik des Übergangs kann den jungen Europäern den Verhandlungsspielraum und die Rechte und Ressourcen eröffnen, die Wissensgesellschaften in der Lage wären anzubieten, dies aber bisher nur sehr begrenzt tun.

7. Literatur

Adick, C. (2003): Globale Trends weltweiter Schulentwicklung: empirische Befunde und theoretische Erklärungen. In: ZFE Zeitschrift für Erziehungswissenschaft, 2. S. 173-187.

Bechmann Jensen, T./Holmboe, A. (2003): Evaluation Report Denmark. Yoyo Project WP5.

du Bois-Reymond, M. (2004): Lernfeld Europa. Jugend, Kindheit und Lernen aus europäischer Sicht. Leske+Budrich. Opladen.

du Bois-Reymond, M./A. López Blasco (2003): Yo-yo transitions and misleading trajectories: twoards Integrated Transition Policies for young adults in Europe. In López Blasco, A. u.a. (Hrsg.): Young People and Contradictions of Inclusion: Towards Integrated Transition Policies in Europe. The Policy Press. Bristol. S. 19-41.

Bourdieu, P. (2001): Wie die Kultur zum Bauern kommt. Über Bildung, Schule und Politik. VSA Verlag. Hamburg.

CEDEFOP (2003): Medium-term Priorities. Thessaloniki.

Chisholm, L./Kovacheva, S. (2002): Exploring the European Youth Mosaic. The social situation of young people in Europe. Council of Europe Publishing. Strasbourg.

Colley, H./Hodkinson, P./Malcom, J. (2003): Informality and formality in learning: a report for the Learning and Skills Research Centre. Online Dokument [URL]: http://www.LSRC.ac.uk

Corijn, M./Klijzing, E. (Hrsg.) (2001): Transitions to Adulthood in Europe. Kluwer Academic Publ. Dordrecht/Boston/London.

DISKURS (3/2002): Thema Moderne Zeiten. Zur Entgrenzung von Arbeit und Leben. DJI Verlag. München.

Dohmen, G. (2001): Das informelle Lernen. Die internationale Erschließung einer bisher vernachlässigten Grundform menschlichen Lernens für das lebenslange Lernen aller. BMBF. Bonn. Online Dokument [URL]: http://www.bmbf.de.

Dohmen, G. (2002): PISA als Anstoß für ein „natürliches" Lernen. In: DISKURS, 2. S. 39-44.

Esping-Andersen, G. (1990): The Three Worlds of Welfare Capitalism. Cambridge University Press. Cambridge.

European Commission (2001): Neuer Schwung für die Jugend. Wei buch. Office for Official Publications of the European Commission. Luxembourg.

Fraser, N./Honneth, A. (2003): Umverteilung oder Anerkennung? Eine politisch-philosophische Kontroverse. Suhrkamp. Frankfurt am Main.

Gallie, D./Paugam, S. (Hrsg.) (2000): Welfare Regimes and the Experience of Unemployment in Europe. Oxford University Press. Oxford.

Hamburger, F./Heck, G. (Hrsg.) (1999): Neue Schulen für die kids. Veränderungen in der Sekundarstufe I. Leske + Budrich. Opladen.

IARD (2001): Study on the State of Young People and Youth Policy in Europe. Online Dokument [URL]: http.//europa.eu.int/comm/dgs/education/youth.

Kohli, M. (1985): Die Institutionalisierung des Lebenslaufs. Historische Befunde und theoretische Argumente. In: Kölner Zeitschrift für Soziologie und Sozialpsychologie, 1. S. 1-29.

Lieshout, Harm van/Wilthagen, T. (2003): Transitional Labour Markets and training: rebalancing flexibility and security for lifelong learning. In: López Blasco, A. u.a.

(Hrsg.): Young People and Contradictions of Inclusion: Towards Integrated Transition Policies in Europe. The Policy Press. Bristol. S. 127-144.

López Blasco, A./Bascuunán, J./Gill, G. (2003a): Interview Evaluation Report Spain. Yoyo Project WP6.

López Blasco, A./McNeish, W./Walther, A. (Hrsg.) (2003b): Young People and Contraditions of Inclusion. Towards Integrated Transition Policies in Europe. The Policy Press. Bristol.

Marcovici, O./Iacob, L. (2003): National Case Study Report – Romania. Yoyo Project WP6.

OECD (Organisation for Economic Co-operation and Development) (2001a): Knowledge and sills for life: First results from PISA 2000. OECD. Paris.

OECD (Organisation for Economic Co-operation and Development (2001b): What Schools for the Future? OECD. Paris.

Onderwijsraad (2003): Leren in samenspel. Ontwikkelingen en inspiraties (Lernen im Zusammenspiel. Entwicklungen und Inspirationen). Den Haag.

Plug, W./Zeijl, E./du Bois-Reymond, M. (2003): Young People's Perceptions on Youth and Adulthood. A Longitudinal Study from the Netherlands. In: Journal of Youth Studies, 2. S. 127-144.

Rihm, T. (2003): Schule als Ort kooperativer Selbstverständigung entwickeln... Ein Beitrag zur Schulentwicklung aus subjekttheoretischer Sicht. In: Rihm, T. (Hrsg.): Schulentwicklung durch Lerngruppen. Vom Subjektstandpunkt ausgehen.... Leske + Budrich. Opladen. S. 351-386.

Titze, H. (2002): Die Evaluierung des Bildungswesens in historischer Sicht. In: ZfE Zeitschrift für Erziehungswissenschaft, 4. S. 552-569.

Tully, C. J. (2002): Informalisierung und Kontextualisierung. Technische Netze im Alltag der „Generation @". In: DISKURS 2, 2002, S. 65-68.

Veblen, T. (1970 [1899]): The Theory of the Leisure Class. Unwin Books. London.

Walther, A. (2003): Choices and Voices at Work: Spaces for Young People's Lifeplans in European Transition Regimes. Paper submitted to the 8th Nordic Youth Reseach Symposium „Youth – Voice and Noise", Roskilde.

Zeitschrift für Erziehungswissenschaft (ZfE) (2/2003): Schwerpunkt: Globalisierung und Erziehungswissenschaft.

Autorinnen und Autoren des Bandes

Bois-Reymond, Manuela du, Prof. Dr., Studium der Erziehungswissenschaften und Soziologie an der FU Berlin und der Columbia University, New York, USA: Promotion an der Universität Bremen, wissenschaftliche Mitarbeiterin an der Pädagogischen Hochschule, Berlin, seit 1977 Professorin für Erziehungswissenschaft an der Universität Leiden, Niederlande, seit 1996 Mitglied der EGRIS-Forschungsgruppe (für europäische Jugendforschung und -politik).
- Forschungsschwerpunkte: Vergleichende Kindheits- und Jugendforschung, insbesondere jugendbezogene Übergangsforschung in Europa
- Aktuelle Veröffentlichung: Bois-Reymond, M. du/Stauber, B.: Biographical Turning Points in Young People's Transitions to Work across Europe. (RC 34 Publication) Thousand Oaks (im Druck)
- Kontakt: Leiden University
  Faculty of Social Sciences
  Department of Education
  P.O. Box 9555
  2300 RB Leiden, Netherlands
  Tel.: +31 (0)71 - 52 73 415
  Fax: +31 (0)71 - 52 73 619
  E-Mail: dubois@fsw.LeidenUniv.nl

Issing, Ludwig, Prof. Dr., Dipl.-Psych., Studium der Erziehungswissenschaft (Lehramt) an der Pädagogischen Hochschule Würzburg sowie der Psychologie an den Universitäten in Würzburg, London, Rochester, N.Y., der Pennsylvania State University sowie der Stanford University, USA. Tätigkeiten an der Universität Würzburg, der Pädagogischen Hochschule Saarbrücken, der Pädagogischen Hochschule Berlin; seit 1980 Univ.-Professor für Medienforschung (Medienpsychologie und Medienpädagogik) an der Freien Universität Berlin, Leiter des Center for Media Research, im SS 2001 Alcatel-SEL-Stiftungsprofessur an der TH Darmstadt.

- Forschungs-/Arbeitsschwerpunkte: Informationsvermittlung und Lernen mit neuen Medien auf allen Bildungsstufen, Web-basiertes Lernen, Evaluation und Usability Testing von Medienprodukten, Consulting in Medienfragen, Menschen als Medien
- Aktuelle Veröffentlichung: Schaumburg, H./Issing, L. J. (2004): Interaktives Lernen mit Multimedia. In: Mangold, R./Vorderer, P. (Hrsg.): Lehrbuch der Medienpsychologie. Hogrefe. Göttingen.
- Kontakt: Freie Universität Berlin
  FB Erziehungswissenschaften und Psychologie
  CMR – Center for Media Research
  Malteserstr. 74-100
  12249 Berlin
  Tel.: +49 (0)30 - 83 87 05 32
  Fax: +49 (0)30 - 83 87 07 41
  E-Mail: issing@cmr.fu-berlin.de

Schaumburg, Heike, Dr. phil., Dipl.-Psych., Studium der Psychologie an den Universitäten Osnabrück und FU Berlin (1988–1996), Aufbaustudium zum MSc. in Educational Technology an der Indiana University, USA (1999), seit 1999 wissenschaftliche Mitarbeiterin am Institut für pädagogische Psychologie und Medienpsychologie der Freien Universität Berlin (Leiter: Prof. Dr. Ludwig Issing).

- Forschungsschwerpunkte: Mobile Computer in der Schule, Lernen im Internet, psychologische Aspekte der Mensch-Computer-Schnittstelle
- Aktuelle Veröffentlichung: Konstruktivistischer Unterricht mit Laptops? Eine Fallstudie zum Einfluss mobiler Computer auf die Methodik des Unterrichts. Berlin, Dissertation 2003
  Schaumburg, H./Issing, L. J. (2004): Interaktives Lernen mit Multimedia. In: Mangold, R./Vorderer, P. (Hrsg.): Lehrbuch der Medienpsychologie. Hogrefe. Göttingen.
- Kontakt: Humboldt Universität Berlin
  Philosophische Fakultät IV
  Unter den Linden 6
  10099 Berlin

Tel:+49 (0)30 – 20 93 – 19 26
Fax: +49 (0)30 – 20 93 – 18 28
E-Mail: heike.schaumburg@staff.hu-berlin.de

Schmidt, Bernhard, Dr., Studium der Pädagogik, Psychologie und Soziologie an der Ludwig-Maximilians-Universität München (1996–
2000), pädagogischer Mitarbeiter der Stadt Burghausen, mit Schwerpunkt: „Aufsuchende Jugendarbeit" (2000–2001), seit 10/2001 wissenschaftlicher Mitarbeiter am Lehrstuhl für Allgemeine Pädagogik
und Bildungsforschung (Prof. Dr. Rudolf Tippelt) der LMU München.

– Forschungsschwerpunkte: Lernen mit neuen Medien, E-Learning,
  Evaluation von mediengestützter Lehre
– Aktuelle Veröffentlichung: Schmidt, B./Tippelt, R. (2003): Bil-
  dung zwischen Arbeitsmarkt und Lebenskompetenz. Was brauchen
  junge Menschen für ihre Zukunft? In: Faulde, J. (Hrsg.) (2003):
  Kinder und Jugendliche verstehen – fördern – schützen. Juventa.
  Weinheim.
– Kontakt: LMU München
  Lehrstuhl für Allg. Pädagogik und Bildungsforschung
  Leopoldstr. 13
  80802 München
  Tel.: +49 (0)89 – 21 80- 51 35
  E-Mail: b.schmidt@lmu.de

Tippelt, Rudolf, Prof. Dr. phil. habil., Studium der Pädagogik, Soziologie, Psychologie und Philosophie in München und Heidelberg (1970–
1977); Dipl. (FH) Prüfung (1974, München), Magisterprüfung (1977)
und Promotion (1980) an der Universität Heidelberg; Habilitation
(1989) an der Sozial- und Verhaltenswissenschaftlichen Fakultät der
Universität Heidelberg, 1978–1987 wissenschaftlicher Mitarbeiter und
Hochschulassistent am Erziehungswissenschaftlichen Seminar der Universität Heidelberg; 1987–1991 wissenschaftlicher Mitarbeiter und
stellv. Direktor am Landesinstitut für Weiterbildung in Mannheim, Privatdozent; 1991–1998 C4-Professur für Erziehungswissenschaft an der
Universität Freiburg; seit 1998 C4-Lehrstuhl für Allgemeine Pädagogik
und Bildungsforschung an der LMU München.

- Forschungsschwerpunkte: Institutionelle Entwicklungen im Bildungssystem, Jugendforschung, Weiterbildung, internationale Bildungsentwicklung und Bildungsforschung
- Aktuelle Veröffentlichung: Tippelt, R. (Hrsg.): Handbuch Bildungsforschung. Opladen 2002
- Kontakt: Ludwig-Maximilians-Universität
Institut für Pädagogik
Leopoldstr. 13
80802 München
Tel.: +49 (0)89 - 21 80 51 41 (Sekretariat)
Fax: +49 (0)89 - 21 80 51 37
E-Mail: tippelt@edu.uni-muenchen.de

Tully, Claus J., Dr. habil., Studium Volkswirtschaftslehre und Soziologie an der LMU München, seit 2004 Vertragsprofessor an der Freien Universität Bozen, Italien; zugleich von 1980 an wissenschaftlicher Referent am Deutschen Jugendinstitut, München. Promotion in Soziologie (1982) an der FU Berlin; Lehrbeauftragter für Soziologie an der Technischen Universität in München (seit 2000); Privatdozent an der Erziehungswissenschaftlichen Fakultät der Freien Universität Berlin; mehrfach Gastprofessuren an der Universität Buenos Aires und der FLASCO, Buenos Aires, Argentinien;

- Forschungsschwerpunkte: Techniksozialisation, Bildung, Umweltlernen, Mobilitätsverhalten von Jugendlichen, Informalisierung sozialer Bezüge
- Aktuelle Buchveröffentlichung: Mensch – Maschine – Megabyte. Opladen 2003; Mobilität von Jugendlichen. Opladen 2002; Außerschulische Lernwelten (gem. m. P. Wahler), Wiesbaden 2004, Das Umweltbewußtsein Jugendlicher (gem. m. L.Lappe und P. Wahler); München 2000; Erziehung zur Mobilität Frankfurt/ New York 1999; Rot, cool und was unter der Haube – Eine Jugendstudie, München 1998
- Kontakt: Deutsches Jugendinstitut e.V.
Nockherstr. 2
81541 München
Tel.: +49 (0)89 - 62 306 - 190
Fax: +49 (0)89 - 62 306 - 162
E-Mail: tully@dji.de
ctully@unibz.it

Vogelgesang, Waldemar, Dr. habil., wissenschaftlicher Angestellter an der Universität Trier im Fach Soziologie; Mitbegründer der interdisziplinären Forschungsgruppe Jugend- und Medienkultur (1995), die empirisch im Bereich Jugend, Medien- und Kulturforschung arbeitet.

– Forschungs-/Arbeitsschwerpunkte: Jugend-, Medien- und Bildungssoziologie sowie Kultur- und Lebensstilforschung
– Aktuelle Veröffentlichung: „Meine Zukunft bin ich!" Alltag und Lebensplanung Jugendlicher. Frankfurt am Main/New York 2001
– Kontakt: Universität Trier
Fachbereich IV/Soziologie
Universitätsring 15
54296 Trier
Tel.: +49 (0)651 - 20 12 661
Fax: +49 (0)651 - 20 14 299
E-Mail: vogelges@uni-trier.de

Abbildungsverzeichnis

Tabellenverzeichnis